冰雪产业概论

曹连众　张四维　焦长庚　著

辽宁人民出版社

© 曹连众　张四维　焦长庚　2025

图书在版编目（CIP）数据

冰雪产业概论 / 曹连众，张四维，焦长庚著.
沈阳：辽宁人民出版社，2025. 2. -- ISBN 978-7-205
-11278-3

　Ⅰ . G812

中国国家版本馆 CIP 数据核字第 2024H8C298 号

出版发行：辽宁人民出版社
　　　　　地址：沈阳市和平区十一纬路 25 号　邮编：110003
　　　　　电话：024-23284325（发行部）　024-23284300（发行部）
　　　　　http：//www.lnpph.com.cn
印　　　刷：辽宁一诺广告印务有限公司
幅面尺寸：170mm×240mm
印　　张：12.5
字　　数：200 千字
出版时间：2025 年 2 月第 1 版
印刷时间：2025 年 2 月第 1 次印刷
责任编辑：张天恒　王晓筱
装帧设计：识途文化
责任校对：吴艳杰
书　　号：ISBN 978-7-205-11278-3
定　　价：68.00 元

目 录

第一章
冰雪产业简介

体育产业是指为社会提供体育产品的同一类经济活动的集合，以及同类经济部门的综合。作为体育产业的重要组成部分，冰雪产业与体育产业之间存在着紧密的联系，它们在许多方面互相促进和影响。冰雪产业是体育产业的一个重要组成部分，专注于与冰雪相关的体育活动、赛事、设施和服务。

第一节　冰雪产业的发展

冰雪产业是指以冰雪为基础的产业领域，涵盖了与冰雪有关的各种体育活动、赛事、设施建设、培训、旅游、文化传播以及相关产业链上的产品和服务。冰雪产业的发展旨在推动冰雪文化、提高人们的身体素质和生活品质，同时也为经济增长提供了有力支撑。

一、国外冰雪产业的发展历程

冰雪产业的发展受地理位置、气候条件、政策支持等因素的影响，是一个涵盖多个方面的庞大产业，其发展需要政府、企业、社会各界的共同努力，也需要多方面的支持和投入。国外冰雪产业的发展可以分成四个阶段。

第一阶段：起步阶段（19世纪末—20世纪40年代）

冰雪运动主要是在欧洲和北美洲发展起来的，人们主要通过户外活动和游戏来体验冰雪运动。19世纪末，如冰球、短道速滑、花样滑冰等活动逐渐演变成一种运动项目，并逐渐发展起来。在这一时期，冰雪运动主要在户外进行，缺乏专业的场馆和设施。随着冰雪运动的发展，一些基础设施得到了建立，如冰场、滑雪场等，为冰雪运动的发展提供了保障。一些冰雪运动的规则也开始初步建立，如滑冰比赛的竞技规则、雪上项目的比赛规则等，为冰雪运动的普及和发展奠定了基础。在这一时期，冰上运动还没有像现在这样成为正式比赛项目，而是一种普及性质的休闲娱乐活动，人们开始利用冰雪运动锻炼身体、增强体质和娱乐。同时，也有一些专业的运动员开始参加冰雪运动的比赛。这个阶段的冰雪运动虽然处于起步阶段，但为后来的冰雪产业的发展奠定了基础。

第二阶段：探索阶段（20世纪50—70年代）

20世纪50年代开始，国际冰雪产业开始逐渐形成，冰雪运动用品的生产、体育场馆的建设和冰雪运动组织的建立等基础设施和管理机构逐渐完善。同时，冰雪运动也开始进入人们的生活，成为一种流行的文化现象。冰雪运动的设施和场馆得到了一定程度的改善和建设，人们可以在更加专业的场馆中进行冰雪运动。此时，大型室内溜冰场和滑雪场陆续建立，许多国家开始为冰雪运动提供专业化的训练场所。同时，在这一时期，冰雪运动用品的生产也开始逐渐形成产业。比如，人们开始生产专业性更强的滑雪板、滑雪杆、冰刀、冰球等用品，提高了运动的专业化和技术含量。人们的需求和生活水平的提高，也促进了冰雪产业的发展。另外，国际冰雪组织和赛事的建立也进一步推动了冰雪运动的发展。国际滑冰联盟（ISU）成立于1892年，是最早成立的国际冰雪运动组织之一。随后，国际滑雪联合会（FIS）、国际冰球联合会（IIHF）等国际组织也相继成立。国际冰雪产业探索阶段是一个冰雪产业逐渐形成的过程。随着运动项目、场馆设施、组织机构和运动用品的发展，冰雪产业开始向规范化、专业化和市场化的方向发展。

第三阶段：发展阶段（20世纪80年代—20世纪末）

20世纪80年代开始，国际冰雪产业得到了迅速发展，随着经济的发展和人们生活水平的提高，民众开始更加注重体育健康和生活方式，越来越多的人参与到冰雪运动中来。冰雪运动在国际上得到了广泛的推广和普及，冰雪场馆得到大规模的建设和扩展。冰雪运动的规模和影响力也逐渐扩大。此外，国际冰雪赛事也开始进一步发展和完善，冰雪运动的竞技水平得到了进一步提高。冰雪运动用品的生产和销售也进一步提高和规范。越来越多的国家和地区开始生产和销售冰雪运动用品，滑雪板、冰刀、滑雪服、滑雪镜等用品的品种和质量得到了不断的提高和改进。此外，智能化、数字化、网络化等新技术也开始在冰雪产业中得到应用，比如智能滑雪装备、人工造雪技术等，推动了产业升级和转型。这一时期，国际冰雪组织的建立和冰雪赛事的举办，也进一步促进了冰雪运动的发展和普及。比如，1985年国际冰球联合会推出了"世界杯冰球赛"（World Cup of Hockey），1986年国际滑雪联合会首次举办了世界杯滑雪比赛等。冰雪运动得到了进一步发展和完善，冰雪运动的规模和影响力逐渐扩大。这个阶段的冰雪运动为后来的冰雪产业的发展打下了更加坚实的基础。

第四阶段：创新阶段（21世纪初至今）

随着科技的进步和社会的发展，国际冰雪产业进入创新阶段，产业形态和模式开始发生了巨大变化。数字化、网络化、智能化等新技术开始广泛应用于冰雪产业。比如，人工智能技术、虚拟现实技术等开始在冰雪运动中应用，推动了冰雪运动向智能化、数字化方向发展。同时，冰雪场馆、设备和用品的智能化和网络化程度也越来越高，比如，智能滑雪装备、无人机测雪系统、冰雪运动App等，为冰雪运动带来更多便利和体验。国际冰雪组织和赛事的建立也进一步完善和提高，国际冰雪产业的管理和运营逐渐规范和专业化。比如，国际奥委会和国际冬季运动联合会开始推动"冬奥遗产"项目，促进冰雪场馆的再利用和运营，提高了冰雪场馆的使用效率和运营收益。此时，冰雪产业的商业化程度也得到了进一步提高，越来越多的企业开始进入冰雪产业，冰雪产业链的各个环节开始得到更好的商业开发和运营。同时，冰雪产业也开始向更加多元化、综合化方向发展，比如，冰雪旅游、冰雪教育、冰雪健身等产业的发展。这个阶段的冰雪运动和冰雪产业的发展已经开始深刻地影响着人们的生活方式和消费习惯。国际冰雪产业加强了对新技术和新业态的应用，如智能冰雪装备、人工造雪技术等，促进了产业的升级和转型。

国际冰雪产业的发展经历了起步、探索、发展和创新四个阶段。随着经济的发展和人们生活方式的变化，冰雪产业也不断地创新和完善，为人们的生活带来更多的乐趣和健康。

参考阅读：

英国的体育运动有着悠久的历史，为现代体育运动及奥林匹克的发展做出了不少贡献。你知道吗？有不少冬奥会的竞技项目都起源于英国哦。

冰壶 Curling

冰壶最早起源于 16 世纪的苏格兰，是世界上最古老的团队运动项目之一。最早的冰壶比赛是在 1511 年的苏格兰，17 世纪期间，当时比赛所用的石头被加上一个手把，成了现代冰壶的最初外形。

图 1-1　1511 年使用的冰壶造型

　　早期的冰壶比赛是在冰冻的池塘或湖面上进行的，使用苏格兰的珀斯（Perth）和斯特灵（Sterling）地区的特殊花岗岩制作的冰壶。冰壶所有的"壶"称为"石壶"，运动员需要把对方的"石壶"击走，并把自己队的"石壶"留在比赛场地的圆心中。

图1-2　1860年苏格兰艾尔郡的一场冰壶比赛

　　20世纪，这项运动取得了重大发展，包括冰壶石的标准化、滑行投掷技术的进化以及室内冷冻冰设备投入使用等。

图1-3　早期冰壶运动

雪车 Bobsleigh

图1-4　人们在阿尔卑斯山上滑雪车（1890—1910）

雪车又叫有舵雪橇或长雪橇，是一种以舵和方向盘控制的集体冬季运动项目，人们搭乘特制的雪车沿着狭窄的冰道计时向下滑，体验别样的速度与激情。第一辆"鲍勃"（Bobs）雪车建造于1886年，当时用于在冰冷、蜿蜒的道路上行驶。

19世纪90年代，在瑞士的英国人 Caspar Badrutt 为了让自己的度假酒店吸引更多的冬季游客，想出了一系列的冬季运动游戏，雪橇就是其中最受欢迎的游戏之一。后来，客人们发现虽然这个项目好玩，但是总会滑着滑着就偏离轨道，撞向行人。于是，他们把两个雪橇板合并到一起，再加上一个方向盘，形成了现在我们所看到的长雪橇。

花样滑冰 Figure Skating

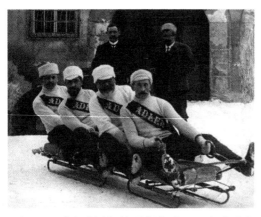

图1-5　瑞士达沃斯的雪车队（1910年左右）

花样滑冰是冬奥会上国人熟知的项目，这项被称为"冰上芭蕾"的运动起源于18世纪的英国。

英国国王查理二世（Charles II of England）受一名荷兰船夫在马戏表演中滑冰技艺的感染，推动花样滑冰在英国上层社会流行，并最终将其发展成为一项体育运动。

1902年，英国的 Madge Syers 打破性别障碍，成为参加花滑世锦赛的首位女子运动员，并获得了1908年伦敦奥运会冠军。

图 1-6　英国花滑运动员 Madge Syers

二、中国冰雪产业发展历程

中国冰雪产业的发展可以按照起步阶段、探索阶段、发展阶段和提速阶段来划分。

（一）起步阶段（1949—1977 年）

1949 年起政府开始为了促进国民健康，积极推广和发展冰雪运动。这个阶段的主要特点是政府的支持和推动，但是缺乏专业人才和高水平设施和装备。政府主要通过各种途径支持冰雪运动的发展，如建设滑雪场、冰球场和溜冰场等冰雪设施，组织冰雪运动员参加国际比赛，制定冰雪运动发展规划等。但是，由于国内经济落后和技术水平不高，冰雪设施和装备的水平相对较低，限制了中国冰雪运动的发展。

此外，中国缺乏专业人才的培养和管理经验，也是限制冰雪运动发展的一个因素。虽然政府投入了大量资源和资金，但缺乏专业人才和管理经验的支持，导致中国冰雪运动在国际上的影响力和竞争力相对较弱。

起步阶段的中国冰雪产业发展比较初步，还存在许多问题和不足，需要政府和相关机构进一步投入和支持，推动冰雪产业的未来长期发展。

（二）探索阶段（1978—1999 年）

探索阶段是中国冰雪产业发展的重要阶段，其间经历了许多重大事件和转折点。

在 20 世纪 70 年代末期和 80 年代初期，中国开始引进国外的滑雪教练、运动员和设备，推广国际先进的滑雪技术和理念，这使得中国滑雪运动水平有了大幅度的提高。这一时期全国各地兴建了大量的冰雪设施，如冰壶馆、冰球馆、滑冰场、滑雪场等，设施规模和数量有了明显的提升。此外，中国还开始举办一系列冰雪赛事，如国际滑雪联合会的大奖赛和亚洲冬季运动会等，这些赛事的举办提高了中国冰雪产业的国际影响力。

为了满足冰雪产业的快速发展，中国加强了人才培养的力度。国内开始设立专业滑雪学校、体育学院、滑雪教练员培训班等，加强了人才的培养和引进。为了推动冰雪产业的发展，政府大力支持冰雪运动和冰雪设施的建设，出台了一系列政策和计划，如"全民健身计划""冬季项目推广计划"等，促进冰雪产业的发展。

探索阶段是中国冰雪产业发展的重要阶段，中国冰雪设施的规模和数量有了明显的提升，冰雪运动水平也得到了大幅度的提高。同时，政府的支持力度也得到了明显的增强，人才培养也得到了加强，为中国冰雪产业的进一步发展奠定了坚实的基础。

（三）发展阶段（2000—2019 年）

在 21 世纪初，中国政府将冰雪运动列为国家发展战略，大力投资冰雪产业的发展。在这个阶段，中国冰雪产业实现了快速增长和重大进展。

中国在 2000 年之后开始大力投资冰雪设施的建设和改善，包括滑雪场、冰球场、冰壶馆等，使得冰雪运动场馆数量大幅增加。同时，一些城市也开始建设室内滑雪场，使得人们在城市中也能享受冰雪运动的乐趣。随着设施的不断改善和人才的培养，中国的冰雪运动水平也有了明显的提高。在冬季奥运会、亚洲冬季运动会等国际赛事上，中国选手取得了一定的成绩，也提高了人们对冰雪运动的关注和热爱。冰雪旅游成为一个新的经济增长点，在中国一些地区，如长白山、张家口等，已经成为滑雪度假胜地，吸引了大量游客前来体验冰雪运动和冰雪旅游的乐趣。随着人们对冰雪运动的热爱和需求的增加，冰雪装备产业也得到了很大的发展。在这个领域，国内企业逐渐崛起，竞争日益激烈，同时也促进了冰雪装备产业的创新和发展。

在发展阶段，中国的冰雪产业实现了从萌芽到成熟的转变，经过不断的努力和投入，使得冰雪运动得到了广泛的推广和发展，为中国冰雪产业的未来提供了坚实的基础。

（四）提速阶段（2020年至今）

为了成功举办2022年冬奥会和冬残奥会，中国政府投入了大量资金和精力，加速了冰雪设施的建设。不仅在北京等举办比赛的城市建设了新的滑雪场和冰壶馆等设施，也在全国各地推进了冰雪设施建设，以满足不同层次和需求的人群。政府通过加大投入和宣传推广，积极推进冰雪运动的普及和推广。在冬奥会前，各地组织了大量冰雪运动体验活动，吸引更多人参与冰雪运动，推动了全民健身和健康生活方式的普及。滑雪旅游和滑雪装备产业成为冰雪产业中的新亮点。在提升冰雪产业影响力的同时，也促进了相关产业的快速发展，提高了冰雪产业的综合效益。

为了满足人们日益增长的冰雪运动需求和提升冰雪设施的质量和效益，中国加快了技术创新和产业升级的步伐。通过引进国际先进技术和理念，加强人才培养和科研投入，提高了冰雪设施的智能化和节能环保水平，提高了冰雪产业的技术含量和核心竞争力。

提速阶段是中国冰雪产业发展中的关键时期，也是冰雪产业实现转型升级和跨越发展的重要机遇期。

三、发展冰雪产业的意义

冰雪产业的发展不仅可以满足人们对冰雪运动的需求和喜好，也可以带动相关产业的发展，提高我国冰雪运动的竞技水平和加强冰雪运动发展的群众基础。

（一）发展冰雪产业可以满足人们对冰雪运动的需求和喜好

发展冰雪运动可以提高人们的体育素养和健康水平，促进全民健身和全民健康的深度融合。冰雪运动是一种富有挑战性和趣味性的体育项目，可以锻炼人们的身体、心理和意志，增强人们的自信和团结。冰雪运动也是一种优秀的文化载体，可以传承和弘扬中华民族的传统美德，如勤劳、勇敢、坚韧、创新等。冰雪运动还是一种有效的健康保障手段，可以预防和治疗一些常见的慢性病，如高血压、糖尿病、心脏病等。发展冰雪产业，可以为人们提供更多的冰雪运动场所、设施、器材、教练、活动等，让更多的人享受到冰雪运动带来的乐趣和益处。

（二）发展冰雪产业可以带动相关产业的发展

发展冰雪产业可以带动如旅游、文化、教育、科技等产业的发展，增加就业岗位和收入，促进经济社会发展和区域协调发展。冰雪产业是一个综合性的产业体系，涉及冰雪场馆建设、冰雪装备制造、冰雪运动培训、冰雪旅游康养、冰雪文化创意等多个领域。发展冰雪产业，可以形成一个完整的产业链条，带动上下游相关产业的发展，创造更多的就业机会和经济效益；发展冰雪产业，也可以促进区域间的交流合作，打破季节性和地域性的限制，实现资源共享和优势互补；发展冰雪产业，还可以提升区域的品牌形象和吸引力，增加区域的知名度和影响力。

（三）发展冰雪产业可以利用好冬奥会的遗产

发展冰雪产业，可以提高冰雪运动的竞技水平和普及率，弘扬冬奥精神和冰雪文化，提升国际影响力和软实力，为建设体育强国和实现中华民族伟大复兴的中国梦做出贡献。北京2022年冬奥会是中国历史上第一次举办全球性综合性冬季体育盛会，是中国向世界展示自己的重要窗口和平台。利用好冬奥会的遗产，可以为我国冰雪运动提供更好的基础设施、人才培养、科技支撑等条件，提高我国在国际舞台上的竞争力和话语权。

（四）发展冰雪产业可以使健身方式多样化

冰雪运动是一种较为新颖的健身运动方式，它具有多样化的运动方式和趣味性，可以吸引更多的人参与其中。通过推广冰雪运动，可以促进人们采取多样化的健身方式，增强体质和健康水平。冰雪产业的发展可以带动公众健康意识的提高，让人们意识到健康生活的重要性。通过开展健康宣传活动、普及健康知识等方式，可以提高公众健康意识，促进人们采取更加健康的生活方式。冰雪产业的发展可以带来愉悦和挑战感，增强人们的自信和积极性，从而有助于增强人们的心理健康水平。通过提供更多的冰雪运动场地和设施，可以让更多的人参与到冰雪运动中，从而获得更好的心理健康效益。

第二节　冰雪产业发展背景分析

冰雪产业的发展是政府和人民的共同意愿。在政治、经济、社会和科学技术全面发展的条件下，冰雪产业的发展是顺势而为，且冰雪产业的发展也带动了相关产业的发展。

一、促进冰雪产业发展的环境分析

PEST 分析是指宏观环境的分析，P 是政治（politics），E 是经济（economy），S 是社会（society），T 是技术（technology）。通过 PEST 分析法，可以从整体上把握宏观环境，从而分析行业所面临的现状。

（一）促进冰雪产业发展的政策环境

2014 年国家出台《国务院关于加快发展体育产业促进体育消费的若干意见》，其中制定了冰雪运动规划，显示出开拓冰雪产业的决心，从此，我国开始高度重视冰雪产业发展。2016 年 5 月开始，国务院及国家体育总局协同国家旅游局、工信部等其他相关部门相继出台《体育产业发展"十三五"规划》《全民健身计划（2016—2020 年）》《关于加快发展健身休闲产业的指导意见》《群众冬季运动推广普及计划（2016—2020 年）》《冰雪运动发展规划（2016—2025 年）》《全国冰雪场地设施建设规划（2016—2022 年）》等，倡导大力推广群众性冬季冰雪运动，实现"带动三亿人参与冰雪运动"的目标。2021 年 10 月国家出台的《"十四五"体育发展规划》中明确提出，促进冰雪产业全面升级，完善冰雪产业区域发展体系，发展冰雪机械装备和冰雪器材装备产业；提升华北、东北、西北地区的冰雪旅游服务水平，打造高质量滑雪旅游度假地。国家规划如此，地方政府如黑龙江、吉林、河北、北京等地也在相关体育政策中明确提出要大力支持冰雪产业发展。从中央至地方对冰雪产业发展做出了大量规划并密集出台扶持政策，国内冰雪产业正紧扣政策形势不断扩大市场规模，产业发展驶入快车道。

表1-1 2014—2021年冰雪产业相关政策

颁布时间	政策名称	颁布部门	关键内容
2014 年 4 月	《国务院关于加快发展体育产业促进体育消费的若干意见》	国务院	制定冰雪运动规划，形成体育消费新热点
2016 年 5 月	《体育产业发展"十三五"规划》	国家体育总局	打造以冰雪运动为重点的体育产业聚集区和产业带
2016 年 6 月	《国务院关于印发全民健身计划（2016—2020 年）的通知》	国务院	大力推广普及冰雪运动，支持各地建设和改建多功能冰场和雪场，打造冰雪运动俱乐部和冰雪院校、品牌赛事
2016 年 10 月	《关于加快发展健身休闲产业的指导意见》	国务院	以冬奥会为契机，以大众滑雪、滑冰、冰球等为重点，推动冰雪设施建设，全面提升冰雪运动的普及程度
2016 年 11 月	《群众冬季运动推广普及计划(2016—2020 年）》	国家体育总局、国家发展改革委	到 2020 年基本形成社会各界广泛参与的群众冬季运动推广普及格局
2016 年 11 月	《冰雪运动发展规划》（2016—2025 年）	国家体育总局、国家旅游局等 4 个部门	到 2020 年冰雪产业总规模达 6000 亿元，到 2025 年达万亿元
2016 年 11 月	《全国冰雪场地设施建设规划（2016—2022 年）》	国家体育总局、工业和信息化部等 7 个部门	到 2022 年全国滑冰馆不少于 650 座，滑雪场数量达到 800 座，雪道面积达到 10000 万平方米，雪道长度达到 3500 千米

续表

颁布时间	政策名称	颁布部门	关键内容
2018 年 9 月	《"带动三亿人参与冰雪运动"实施纲要（2018—2022年）》	国家体育总局	到 2022 年，冰雪运动服务标准完善，冰雪场地设施基本满足人民群众多层次需求，实现"带动三亿人上冰雪"目标
2019 年 3 月	《关于以 2022 年北京冬奥会为契机大力发展冰雪运动的意见》	中共中央办公厅、国务院办公厅	我国发展冰雪产业的重要政策依据和行动指南
2021 年 2 月	《冰雪旅游发展行动计划（2021—2023 年）》	文化和旅游部、国家发展改革委、国家体育总局	以北京冬奥会为契机，加大冰雪旅游产品供给，发挥冰雪赛事带动作用，扩大赛事旅游参与人口；开展冰雪文化活动，深挖冰雪旅游消费潜力；促进冰雪旅游与相关行业融合，提升冰雪旅游公共服务
2021 年 10 月	《"十四五"体育发展规划》	国家体育总局	促进冰雪产业全面升级，完善冰雪产业区域发展体系，发展冰雪机械装备和冰雪器材装备产业；提升华北、东北、西北地区的冰雪旅游服务水平，打造高质量滑雪旅游度假地

（二）促进冰雪产业发展的经济环境

1. 人均 GDP 增长带动冰雪消费升级，未来万亿元市场可期

随着人均收入的持续增长，大众的冰雪消费需求不断升级。国家发改委发布的《2017 年中国居民消费发展报告》显示，2017 年我国滑雪人次达到 1750 万，消费规模达到 720 亿元，同比分别增长 15.9%、78.4%；冰上运动消费规模同比增长 16.9%，达到 610 亿元。冰雪运动消费主体中，年参加次数超过 10 次的占 5%，人均消费约 2 万元 / 年；年参加 5—10 次的约占 10%，人均消费 1 万元左右 / 年；年参加少于 5 次的初级冰雪运动者约占 85%，人均消费约 3000 元 / 年。

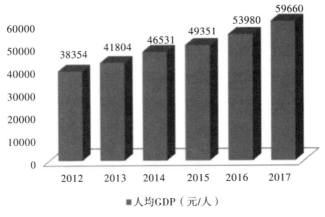

图 1-7　2012—2017 年我国人均 GDP

2.国家经济转型为冰雪产业发展提供契机

经济转型是我国目前的大势所趋,从粗放式转向绿色、可持续的产业形态,在促进经济增长的同时注重环境污染问题的解决,以更加绿色的方式拉动经济增长,真正形成"天更蓝、水更清、草更绿"的体育产业。冰雪产业作为体育产业中的一员,无疑是相当契合这一原则的。通过大力发展冰雪运动及冰雪产业服务带动体育消费内需,同时创造更多就业机会,实现冰雪和经济共同发展。

(三)促进冰雪产业发展的社会环境

构成社会环境的因素复杂多样,它包括人类生存活动范围中物质、精神条件等社会层面因素。主要指在整个社会大背景下,公众对冰雪产业发展的信心和需求情况。

1.体验经济时代下体育消费需求不断升级

马斯洛需求理论表明,不同的社会发展阶段,人们所面临的需求不相同。产品经济时代解决生理和安全需求;到了服务经济时代,社交需求得以解决;2018 年,我国人均 GDP 已达到 64644 元,已经进入马斯洛需求理论的第四个、第五个层次,即被尊重和自我现实需求得到满足,所对应的第三个阶段,即体验经济时代。

图1-8 社会经济时代与马斯洛需求

从前的体育活动不具备商业价值，不能成为经济学意义上的有效需求。体育运动要想成为社会有效需求并达到一定规模，必须要有较高的收入水平作为支撑。从国际经验来看，社会经济发展超过6500美元后，即中等收入阶段，较大规模的体育消费才逐渐形成。目前我国正处在中高收入阶段，过去十年我国体育产业增加值增速一直显著高于GDP的增速，未来体育产业"十四五"和2025目标都极有可能被超越。冰雪消费市场作为冰雪产业的孵化器，是其不可或缺的宏观环境因素。冰雪产业联动性较强，冰雪消费促进竞技和社会冰雪运动的发展，满足人们自我实现需求和被尊重需求。

2. 中产阶级的快速崛起

麦肯锡咨询公司《下一个十年的中国中产阶级》报告认为中产阶级的快速崛起正潜移默化地推动着中国的经济变革与社会转型，成为经济可持续增长的强大驱动力。2018年，我国中高收入人群合计占比达38.5%，中国正在向中产阶级（年收入15万—35万元）人数第一的国家快速迈进。冰雪运动参与群体基本属于中高产阶级，这类人群偏爱自由度和体验度高的运动项目，而冰雪运动正完美契合他们的需求，所以中高产阶级的扩容无疑会拉动冰雪消费，助推我国冰雪产业成长。

（四）促进冰雪产业发展的技术环境

产业发展所面对的技术环境不仅包括与该产业相关联的新技术、新材料，还包括产业当下的整体技术水平。当前，我国"冰雪＋科技"融合的技术模式初显，智慧冰雪成为产业发展新引擎；与国际交流日益密切，推动整体技术水平提高。

1. 万物移动互联，冰雪产业如虎添翼

万物移动互联是指物联网（Internet of Things，IoT）技术的广泛应用，它通过互联网连接各种设备、传感器和系统，实现数据的实时传输和共享。冰雪产业在引入物联网技术后，可以实现高效、智能化的发展。目前，在万物移动互联的背景下，冰雪赛事直播与数据分析、冰雪装备智能化生产、智慧冰雪场馆建设、智能冰雪场馆管理、冰雪旅游智能推广、安全监控与应急响应、冰雪体育博彩等多项服务依托互联网平台提高冰雪产业的运营效率、客户体验和竞争力，冰雪产业将更快地走向智能化发展。

2. 人工智能、虚拟现实、5G 创新技术实现冰雪科技梦

人工智能（AI）、虚拟现实（VR）和 5G 通信技术在冰雪产业中的应用正逐渐改变这一领域的发展。这些创新技术为冰雪科技梦提供了新的可能性。

人工智能：AI 技术可用于数据分析、运动员训练、赛事管理等方面。通过分析大量冰雪运动数据，AI 系统可以为教练和运动员提供有针对性的训练建议和策略。此外，AI 还可以辅助比赛裁判和赛事组织者，提高赛事的公平性和效率。

虚拟现实：VR 技术在冰雪产业的应用主要集中在培训和娱乐方面。VR 技术可以为运动员提供身临其境的训练环境，使他们能够在安全的虚拟环境中磨练技能。同时，VR 技术也可以为游客带来沉浸式的冰雪体验，如滑雪模拟器、虚拟滑雪游戏等。

5G 通信技术：5G 技术提供了高速、低延迟的数据传输能力，为冰雪产业带来更丰富的应用场景。例如，5G 可以实现高清实时视频直播，让观众在家中就能观看冰雪赛事。此外，5G 技术还可以提高冰雪场馆的联网能力，实现更智能化的设施管理和服务。

3. 国际专业技术成熟值得借鉴

安德斯·维森伯格（国际冬季两项联盟主席）表示，中国高度重视对外交流和国际合作，寻求别国优秀的冰雪专家的帮助与指导，与国际奥委会的密切合作，将成熟的场馆建设、赛事组织管理经验引进中国，提高冬奥会筹备工作

水平。在学术方面，本土院校与世界知名体育学院深入合作，建立冰雪运动教育培训体系。在商业方面，将媒体宣传力量、智能技术融入冰雪产业各领域，提高专业技术水平。

二、冰雪产业与相关产业的耦合发展关系

冰雪产业与相关产业的耦合关系是指冰雪产业与其他产业之间的相互作用和影响，包括资源、产品和市场等方面的互补和协同。

（一）冰雪产业与旅游产业

冰雪产业与旅游产业的耦合可以提高旅游资源的利用率，延长旅游季节，增加旅游收入，促进地方经济发展。冰雪旅游是冰雪产业的重要组成部分，它以雪景、冰景为主要资源，吸引大量游客前来观赏和体验冰雪运动。冰雪旅游不仅可以带动当地餐饮、住宿等相关产业的发展，还可以提高当地知名度和形象，从而带动当地旅游业的发展。冰雪运动需要大量的场馆、设备和装备支持，发展冰雪运动可以促进相关设施和装备的建设和销售，带动当地基础设施的建设和布局。同时，冰雪旅游业的发展需要大量的专业人才、技术人才和基层工作人员、服务人员，因此冰雪旅游业的发展可以为当地创造大量的就业机会，缓解就业压力，提高居民生活质量。

（二）冰雪产业与文化产业

冰雪产业与文化产业的耦合可以丰富冰雪文化的内涵，提升冰雪品牌的影响力，增强冰雪消费者的忠诚度，培育冰雪市场的潜力。冰雪运动具有坚韧、勇敢、坚持不懈等优秀的精神特质，这些特质不仅是冰雪运动员必备的素质，也是一种可贵的文化遗产。通过冰雪产业的发展，可以促进这些优秀的精神特质的传承，激发人们的积极向上精神，增强社会凝聚力和向心力。冰雪产业的发展可以促进冰雪文化艺术的传播和推广。通过举办冰雪艺术表演、推广冰雪文学作品等方式，可以让更多的人了解和欣赏冰雪文化艺术，进一步传承和弘扬冰雪文化。冰雪文化是中国传统文化的重要组成部分，通过发展冰雪产业，可以增强中国的文化自信，同时也可以提高中国在国际文化领域的话语权和影

响力。另外，冰雪产业的发展还可以促进地方文化的发展。各地在冰雪产业的发展过程中，可以融入本地的文化元素，形成独具地方特色的冰雪文化，从而促进地方文化的发展和传承。

（三）冰雪产业与赛事产业

冰雪产业与赛事产业的耦合可以推动冰雪赛事的发展、提升运动员的竞技水平及赛事相关产品技术创新。举办重大国际性冰雪赛事可以为国家和城市带来广泛的影响力和知名度，增强国家和城市的软实力。例如，中国举办的2022年冬奥会吸引了全球运动员和媒体的关注，为中国冰雪产业的发展提供了巨大的推动力。冰雪赛事的发展可以为国际的赛事和经济交流提供平台。通过参加国际性冰雪赛事、举办赛事活动等方式，可以加强国家和城市与其他国家和城市之间的交流，增进友谊和合作。冰雪赛事的发展可以提供更多的训练场地、装备和教练员，从而有利于运动员的训练和竞技水平的提高。同时，冰雪赛事的举办也为运动员提供了更多的比赛机会，让他们在更高水平的赛事中锻炼和提高。在冰雪赛事发展的同时也能够带动冰雪技术的不断创新和发展。比如，在滑雪板和滑冰鞋等冰雪装备的研发和创新方面，不断推出新款式、新功能的冰雪装备，为运动员提供更好的训练和比赛条件，从而提高运动员的竞技水平。随着参与更多的赛事和比赛，运动员可以更好地了解自己的优势和不足，并有针对性地进行训练和调整，从而增强运动员的竞争意识和竞技水平。

冰雪产业与相关产业的耦合发展可以促进冰雪运动的普及和推广，提高全民健身水平，增强国民体质，培养冰雪文化和精神。可以激发冰雪创新活力，形成冰雪特色产品和服务，满足消费者多样化需求，扩大冰雪市场规模。可以带动区域经济社会发展，增加就业机会，提升地方竞争力，实现可持续发展，是利国利民的发展之路。

思考练习：

　　1.我国冰雪产业的发展历程一共经历了哪几个过程？

　　2.发展冰雪产业的具体意义有哪些？

　　3.冰雪产业的发展受到哪些环境因素的影响？

案例分析

张家口加快冰雪运动装备产业园建设

　　随着冰雪消费持续升温，河北省张家口围绕冰雪产业链布局，冰雪产业项目加速集聚。在张家口市高新区的冰雪运动装备产业园内，一家运动用品公司的各个车间正在加紧生产。该公司行政主管介绍说，公司正在加大新产品研发及推广力度，主推碳纤维冰球鞋、碳纤维轮滑鞋等产品，还将增加生产线，进一步扩大生产规模。立足企业原本的科技研发、生产制造、国际代工产业基础，向国内青少年培训、体育赛事推广等领域延伸，以期实现全产业链发展，探索新的发展路径。

　　近年来，张家口市紧抓发展后奥运经济机遇，加快推进冰雪运动装备产业示范园区建设和招商引资工作，助推产业集群发展。截至目前，园区已累计签约冰雪类项目53个，完成公司注册项目47个，已投产项目14个，运营项目15个，累计实现产值8.84亿元。

　　冰雪运动装备产业园区位于张家口市高新技术产业开发区，规划占地面积435亩，总投资11.42亿元，建设轻型装备生产区、重型装备制造区、办公研发综合服务区、冰雪运动展览中心等四大功能区，重点打造轻重装备结合、研发制造销售服务、运动体验会展全覆盖的全产业链冰雪运动装备制造基地。目前，园区轻型装备车间15栋全部完工，企业已入驻使用8栋；重型装备车间8栋全部完工，企业已入驻使用6栋；2个食堂和2栋孵化中心全部完工；办公研发大楼正在进行内部装修收尾工程。

为推动园区建设发展提质增效，按照"边规划建设、边招商引资"的工作思路，张家口市高新技术产业开发区建立了国内外重点企业招商项目库，充分利用国际国内经贸会、体博会、冬博会等机会，主动与国内外客商进行对接洽谈。出台了招商引资优惠政策，在法国等地建立了5个招商中心，提高招商引资的针对性、实效性。连续4年发布《张家口·中国冰雪产业发展指数》，推动冰雪产业与互联网、大数据融合发展，为发展壮大冰雪产业提供了重要支撑。组建了全省首个省级冰天雪地科技企业孵化器，形成了助推冰雪企业顺利成长与发展的孵化机制。成立了河北省冰雪产业技术研究院，着力为做大做强冰雪产业提供更好的智力支撑。成立了全省首个冰雪产业主题基金"红土冰雪基金"，为冰雪企业融资发展提供重要平台。打造了张家口科技冬奥"双创"示范基地，为全市发展冰雪产业、打造科技冬奥搭建创新创业的新平台。张家口市高新技术产业开发区还成功举办了第二届河北张家口冰雪产业博览会，吸引国内外150家展商参展，展出展品5000余件，产品遍及10多个行业30多个种类；接待各地冰雪协会、参展商、采购商1500余人，现场观众5万余人次。

冰雪经济所产生的红利持续释放，河北省逐步形成产业链完整、技术先进、特色鲜明的冰雪装备制造业产业体系。张家口市高新区相关负责人表示，该区冰雪运动装备产业园已初步实现从头到脚、从个人到场地，研发制造销售服务、运动体验会展全覆盖的冰雪运动装备全产业链布局。仅2023年上半年，全市新签约冰雪产业项目12项，总投资28.01亿元，新落地、投产运营项目各13项。预计到2025年，全市冰雪产业规模可达到600亿元。

（案例资料来源：《中国体育报》）

第二章
冰雪产业介绍

中国是亚洲最大的冰雪市场,《中国滑雪行业白皮书》显示,2014 年到 2019 年,中国滑雪装备市场规模从 32.2 亿元增长至 117.5 亿元;滑雪培训市场规模从 42 亿元增长至 69.1 亿元,年均增长 10.47%。《中国冰雪产业发展研究报告》显示,2020 年我国冰雪产业总规模已达到 6000 亿元。

第一节　冰雪产业属性与特征

随着 2022 年北京冬奥会的成功举办,我国冰雪体育产业迎来了历史性发展机遇期。伴随供给侧结构性改革、通信技术变革,我国冰雪体育产业的人才、资金等要素特征发生了变化,由此引起我国冰雪体育产业结构的调整。目前,关于我国冰雪体育产业的理论研究尚不充分,急需进一步加强理论研究。

一、冰雪产业与冰雪资源

(一)冰雪产业的界定

冰雪产业是指以冰雪资源为依托,对其进行开发利用,附带产生社会或经济效益的一系列与冰雪有关的社会、经济和文化活动。包括冰雪健身休闲、冰雪竞赛表演、冰雪运动培训、冰雪赛事会展、冰雪旅游、冰雪装备及冰雪场馆服务等多领域的生产经营活动。

（二）冰雪资源

冰雪资源是冰雪产业发展的基础，同时也是决定冰雪产业竞争力的关键因素。冰雪产业资源① 既包括开展冰雪产业内部资源，也包括冰雪体育产业发展的外部环境资源。从内部资源分析，冰雪体育产业资源基础分为自然资源和人文资源两类；从外部环境分析，旅游业发展的主要影响因素包括经济水平、消费取向和人口规模等，该类影响因素可概括为区位资源，冰雪体育产业也不例外。为此，冰雪体育产业的资源基础可分为"自然资源""人文资源"以及"区位资源"三类。自然资源是冰雪运动等经营项目的自然条件，人文资源是冰雪休闲活动的重要支撑，而区位资源是市场消费冰雪体育产品与服务的能力。我国冰雪体育产业的资源基础情况，如表 2-1 所示。

表2-1　冰雪体育产业基础资源类型一览表

资源分类	说明及示例
自然资源	海拔及山体角度： 1000m 以上山体适合建设高级雪场； 800—1000m 适合建设中级雪场； 500m 左右适合建设初级雪场。 山体坡度 40°—10° 为宜。 气候： 欧洲温带海洋气候及受海洋影响较强的季风性气候最为适宜；中国北部温带大陆性季风气候稍逊。 降雪量： 常年保持平均降雪量在较高水平，我国长白山、大兴安岭地区的年降雪量在 20cm，非常适宜。
人文资源	不同地区不尽相同，需要根据当地民风、民俗和传统进行可持续的系统开发与整理。

---

① 张瑞林. 我国冰雪体育产业商业模式建构与产业结构优化［J］. 体育科学，2016，36（05）：18–23+53.

资源分类	说明及示例
区位资源	经济水平：区位经济达到较高水平，景区具有较高水平的消费能力，可用地区人均 GDP 和第三产业 GDP 表示。 消费情况：当地人群的可支配收入以及体育休闲消费情况，以居民消费能力计算。 消费人口规模：年底当地常住人口数量和入境旅游人口数量。 交通状况：区位的交通状况较为便利，以年度客运量计算。 地理区位：距离中心城市不多于 200km，不少于 5km。

冰雪资源是冰雪体育产业发展的基础，这些资源在一定程度上决定了冰雪体育产业的发展潜力和空间。

二、发展冰雪产业本质

从哲学和社会学的角度看，新时代代表着较高的科学技术水平和生产力水平。生产效率的提高不仅为人们提供充裕的物质生活基础，还将带来生产关系的变化，特别是人工智能的广泛应用，使得很多繁重体力劳动都由机器人代替人类完成，科学技术创造的巨大价值将会分享给人们，人们因此拥有了更多的自由和闲暇时间。这不仅极大提升人们的精神生活面貌，一定程度上满足了人们更具个性化的美好生活需求。党的十九大报告提出了解决"美好生活"与"发展不平衡和不充分"的矛盾，实施精准扶贫等措施，无不体现社会发展借助科学技术力量回归到公平、正义的大方向。具体而言，人类的发展以各种产业为基础，人类的价值实现是各种产业发展的目标，新兴事物发展的重要推动力也是人的各种新需求，同时在新兴事物发展中新的需求也将不断产生，以此循环推动人类发展。

在此视角下审视新时代的冰雪产业，其本质是新需求带来的新品质升级和新生活方式，即在人们生活水平达到一定高度，针对有钱有闲而又追求更高品质休闲生活方式的人群，可以通过冰雪运动实现生活方式和生活品质的升级，是人们实现美好生活的重要内容之一。

从产业发展的角度看，其本质是新时代产业结构升级中的新兴增长点。对于冰雪产业本体而言，其属于体育产业的一部分，在"冬奥红利"的强有力刺激下，新时代的冰雪产业已经成为跨越式发展的新兴产业；对于关联产业而言，新时代的冰雪产业是最佳的带动型产业，冰雪产业促进了消费升级从而带动了诸如旅游、文化、健康、交通、制造等相关产业的升级；对于冰雪资源区域而言，发展新时代的冰雪产业是冰雪资源区域实现脱贫的根本之策，也是打造新兴区域经济增长极的重要抓手。

三、冰雪产业基本属性

冰雪产业的基本属性可以总结为季节性、地域性、科技性、文化性和多元性。

（一）季节性

冰雪产业的发展受季节影响较大。由于冰雪运动只能在冬季进行，因此冰雪产业的发展受到季节性限制。在其他季节，冰雪场地和设施的利用率较低，这就需要冰雪场地和设施在冬季充分利用，并通过举办各种冰雪活动、赛事等形式延长冰雪产业的经营时间，提高其经济效益。

（二）地域性

冰雪产业的发展与气候和地理条件有关。通常只有在寒冷地区和高海拔地区才有适合冰雪运动的条件，因此，冰雪产业在很大程度上受制于气候和地理条件。在热带和温带地区，冰雪产业发展相对较少。

（三）科技性

冰雪运动对技术和装备的要求较高，需要不断引进和创新技术，提高设施和器材的质量。尤其是在冰壶、短道速滑、雪车等高科技含量的项目中，科技的进步对冰雪产业的发展起到至关重要的作用。

（四）文化性

冰雪运动在一些国家和地区已经形成了独特的文化传统，冰雪产业也在一定程度上促进了冰雪文化的传承和发展。例如，瑞士和奥地利等国家的阿尔卑斯山区域以滑雪度假胜地著称，这种滑雪度假文化已成为这些国家的一种独特文化。

（五）多元性

冰雪产业包括冰雪运动、冰雪旅游、冰雪设备等多个领域，具有较高的多元性和复合性。冰雪旅游可以促进当地旅游业的发展，冰雪运动可以促进相关设施和装备的建设和销售，从而增加就业和财政收入。冰雪设备产业也是冰雪产业不可或缺的一部分，其发展水平和质量直接影响冰雪运动的水平和质量。

四、冰雪产业发展特征

冰雪产业是一种具有高附加值、高消费、高就业的新兴产业，与旅游、文化、体育等多个领域相结合，能够丰富人们的生活方式和文化内涵。全球冰雪产业发展呈现八大特征：政府扶持力度大、行业管理水平较高、经营模式趋于成熟、安全措施完善、营销能力持续上升、科技手段应用广泛、环保措施日益完善、信息化程度高。[①]

（一）政府扶持力度大

政府意识到冰雪产业对于促进经济发展、增加就业机会、提高城市形象等方面的重要作用，因此积极出台政策、提供资金等方面的支持。

在中国，政府对冰雪产业的扶持力度越来越大。自 2016 年提出"三亿人上冰雪"计划以来，政府投入大量资金建设冰雪设施和滑雪场，同时也加大了对于冰雪运动员的扶持和培养。此外，在 2022 年北京冬奥会的举办和相关产业发展上，政府也给予了极大的支持和投入。

在欧洲，政府也对冰雪产业给予了大力支持。例如，瑞士政府支持瑞士国内的滑雪场、冰壶馆等设施建设，奥地利政府则支持滑雪场和冰球场的建设和维护。此外，欧盟也出台了一系列的政策和计划，支持欧洲冰雪产业的发展和推广。

---

① 前瞻产业研究院，2022 年中国冰雪产业趋势发展白皮书，https：//pdf.dfcfw.com/pdf/H3_AP202203161552961967_1.pdf？ 1647442578000.pdf.

北美洲的政府同样也对冰雪产业进行了大力支持，如美国政府和加拿大政府都为冰球、滑雪和冰壶等项目提供资金和设施建设支持。加拿大政府还通过大力推广冰雪旅游，促进了该国的经济发展。

政府的扶持对于冰雪产业的发展非常重要，能够在加速设施建设、培养运动员、推广冰雪运动、吸引游客等方面发挥重要作用。因此，全球各国政府应该继续加大对冰雪产业的支持力度，为冰雪产业的可持续发展创造更好的条件。

（二）行业管理水平较高

冰雪产业的发展涉及很多方面，如设施建设、场馆管理、赛事组织、教练员培训、运动员选拔等多个环节。为了保证这些环节的有效运行，冰雪产业需要有较高的行业管理水平。

在设施建设方面，各国政府和企业通常会聘请专业的设计师、工程师和建筑师进行规划和设计，并严格按照国家和国际标准建设和管理。在场馆管理方面，通常会聘请专业人员负责运营和维护，保障场馆的安全和服务质量。在赛事组织方面，会聘请专业的组织者和裁判员负责赛事的策划、组织和监管。此外，冰雪产业还需要有较高的教练员水平和运动员选拔机制，以保证运动员的技术水平和竞技水平，进一步提升行业的整体水平。

全球冰雪产业也积极推进行业管理的国际化和专业化。例如，国际滑冰联合会（ISU）、国际冰球联合会（IIHF）等国际性组织不仅在赛事的监管和组织方面具有一定的权威性，也在推动全球冰雪产业的发展和标准化方面发挥了重要作用。

全球冰雪产业的行业管理水平较高，这得益于政府和企业的投资和专业人才的参与。随着冰雪产业的不断发展，行业管理水平也将不断提升，为冰雪产业的可持续发展创造更好的条件。

（三）经营模式趋于成熟

随着冰雪产业的不断发展，产业链不断扩大，经营模式也越来越多元化。目前，冰雪产业的经营模式主要包括直营、特许经营、加盟连锁、合作等多种形式。这些模式不仅在经营方式上有所不同，还涉及品牌、市场、管理等方面，使冰雪产业的经营更加多样化。

冰雪产业的整合不仅在国内，也在国际范围内逐渐发展。冰雪场馆、冰雪旅游、冰雪运动装备等产业纷纷整合，形成完整的冰雪产业链。例如，一些滑雪场不仅提供滑雪场地，还可以提供滑雪装备、教练员培训等服务。

随着全球化的发展，越来越多的冰雪企业开始走出国门，拓展国际市场。一些国际性的赛事和品牌也为冰雪产业的国际化发展提供了支持。这种国际化的经营模式有利于促进冰雪产业的全球化发展，进一步扩大市场规模。

全球冰雪产业的经营模式正在趋于成熟，呈现多元化、产业整合和国际化等特点。这些变化不仅反映了冰雪产业的发展趋势，也为企业提供了更多的发展机遇和挑战。未来，冰雪产业的经营模式还将不断创新和完善，推动产业进一步发展。

（四）安全措施完善

全球冰雪产业的特征之一是安全措施的完善。随着冰雪运动的普及和冰雪旅游的火热，冰雪场馆和设施的安全问题越来越受到关注。各国政府和企业在提高冰雪场馆和设施安全性方面进行了很多探索和实践，使得冰雪运动和旅游更加安全可靠。

首先，各国政府和相关机构加强了冰雪场馆和设施的规范化管理。通过制定相关的法律法规和标准，对冰雪场馆和设施进行规范化管理和监管，强制要求场馆和设施的安全措施必须符合规范标准，如安全出口设置、消防设备、场馆维护等方面。此外，政府也对从业人员进行培训，提高他们的安全意识和技能水平。

其次，各国对冰雪场馆和设施加强了安全管理。在场馆和设施的日常运营中，管理人员严格执行安全措施，如安全检查、安全培训、安全演习等，以确保场馆和设施的安全性。此外，场馆和设施还安装了各种安全设备，如监控摄像头、报警器等，对于安全隐患及时发现并采取应急措施。

最后，冰雪运动和旅游者也在提高安全意识方面做出了很多努力。各国在冰雪运动和旅游领域推广安全知识，加强安全宣传和教育，提高人们的安全意识和自我保护能力。在场馆和设施的使用过程中，人们也逐渐形成了良好的安全习惯和行为规范。

政府、企业和个人都在加强对冰雪场馆和设施的安全管理，使得冰雪运动和旅游更加安全可靠。

（五）营销能力持续上升

随着社交媒体和数字营销的兴起，冰雪产业的营销方式也在不断创新和升级。一方面，冰雪产业开始采用多元化的营销策略，如运动员代言、品牌赞助、活动推广等方式来提升品牌影响力和知名度。同时，通过利用社交媒体平台，如微博、微信、抖音等，与用户进行互动，打造粉丝经济模式，增加用户粘性，提高营销效果。另一方面，随着移动互联网的快速发展，线上购票和预约成为主流。冰雪产业通过网络和手机 App 等线上平台，提供在线购票、预约、咨询和服务等，满足用户的个性化需求，提高消费者满意度和体验。冰雪产业还积极利用大数据、人工智能等技术，对用户进行精准定位和分析，实现个性化推荐和定制化服务，进一步提升营销效果和用户体验。

全球冰雪产业的营销能力持续提升，通过创新营销策略和运用科技手段，不断提升品牌影响力和用户体验，促进产业的可持续发展。

（六）科技手段应用广泛

随着科技的不断发展和进步，冰雪产业开始积极探索和应用新技术，如 3D 打印、人工智能、虚拟现实、增强现实等。

3D 打印技术在冰雪产业中的应用越来越广泛，可以制造出各种形状的雪具、滑雪板、冰壶等装备，提高产品的个性化和精准度。人工智能技术可以用于雪道、雪场等的智能控制和管理，提高安全性和用户体验。虚拟现实和增强现实技术可以为用户提供更加真实和身临其境的滑雪和冰壶体验。全球冰雪产业还积极开展智能化和自动化的研究和应用，如智能制造、智能化雪道管理、无人驾驶雪上摩托等，提高生产效率和用户体验，实现可持续发展。

全球冰雪产业的科技手段应用广泛，通过不断探索和应用新技术，提高产品和服务的质量和效率，推动产业不断发展和进步。

（七）环保措施日益完善

随着全球气候变化的加剧和环境问题的日益凸显，冰雪产业也开始关注环保问题，积极采取各种措施降低其对环境的影响。

首先，全球冰雪产业在能源利用方面进行了改善，大力推进清洁能源的应用，如太阳能、风能、水能等。一些雪场和滑雪度假村开始使用可再生能源，减少了对传统能源的依赖，降低了碳排放和能源消耗。

其次，全球冰雪产业也开始重视废弃物处理和回收利用。雪场和滑雪度假村制定了一系列废弃物处理方案，采用分类回收和资源再利用的方式，最大限度地降低废弃物对环境的影响。

最后，全球冰雪产业也开始注重自然保护和生态平衡的维护。一些雪场和滑雪度假村积极开展生态修复和植树造林活动，恢复和保护自然环境，保障生态平衡和可持续发展。

全球冰雪产业的环保措施日益完善，通过采用清洁能源、废弃物处理和回收利用、自然保护等方式，降低了对环境的影响，实现了经济、社会和环境的可持续发展。

（八）信息化程度高

全球冰雪产业的特征之一是信息化程度高。随着信息技术的不断发展和应用，冰雪产业也在不断地更新和完善自己的信息化系统，以便更好地服务于消费者和促进行业发展。

首先，全球冰雪产业的信息化程度在预订和销售方面有很大的提升。消费者可以通过互联网预订滑雪场、酒店和门票等，极大地方便了游客的出行。此外，冰雪产业还通过大数据分析和人工智能等技术对消费者需求进行预测和推荐，以提高销售量和客户满意度。

其次，在滑雪和冰壶等运动的训练和竞赛方面，冰雪产业也广泛应用信息化技术。例如，在滑雪教学方面，通过使用虚拟现实技术和智能终端设备等，可以更直观地向学员展示滑雪技巧和动作。在冰壶比赛中，高科技的测量和分析设备也能够准确地记录运动员的表现和比赛数据，为比赛分析提供数据支持。

最后，全球冰雪产业还广泛应用互联网技术，通过在线直播和社交媒体等平台向全球观众传播冰雪运动的魅力和竞赛的精彩时刻。同时，冰雪产业也通过网络营销、电子商务等方式开拓新市场，提高品牌知名度和影响力。

全球冰雪产业在信息化方面的应用越来越广泛，这不仅提高了消费者体验和行业效率，也为冰雪运动的普及和推广提供了新的手段和渠道。

第二节　冰雪产业开发现状

随着冰雪产业的崛起，越来越多的国家和地区开始重视这一产业的发展。政府出台了一系列政策支持冰雪产业，如资金投入、税收优惠、设施建设等。同时，私营企业和外资也纷纷涌入冰雪产业，推动产业的快速发展。

一、冰雪资源开发情况

现阶段全球共68个国家拥有设备齐全的户外滑雪场，其中62个位于北半球，6个位于南半球。全球开发增速最快的国家地区为中国、澳洲以及部分东欧地区。北美洲、西欧、北欧地区由于冰雪产业起步早，发展成熟，开发增速处于第二梯队；而非洲、南美洲大部分地区受限于自然资源与经济发展，增速较慢。2020年受新冠疫情的影响，全球冰雪度假区的运营受到了严重的打击，导致冰雪产业规模大幅下降。但随着疫情的控制和防护措施的完善，预计未来几年全球冰雪度假区将逐步恢复正常，并迎来新的发展机遇。

二、冰雪设施建设情况

全球范围内，冰雪运动已经成为一种受欢迎的休闲娱乐方式和体育竞技项目。为了支持冰雪运动的发展，各国也纷纷投资建设冰雪设施。

（一）北美洲

北美洲是全球冰雪设施建设最为发达的地区之一，其拥有丰富的自然资源和强大的经济实力，为冰雪产业的快速发展提供了有利条件。

加拿大是北美洲冰雪设施最为集中的国家之一，拥有大量的滑雪场和溜冰场。其中，阿尔伯塔省、不列颠哥伦比亚省和安大略省的滑雪场数量最多，每年吸引着大量的国内外游客前来滑雪。此外，加拿大还有许多专业的冰壶场，为冰壶爱好者提供了良好的比赛和培训场所。

美国也是北美洲冰雪设施建设非常发达的国家之一，拥有众多的滑雪场和冰球场。其中，科罗拉多州、犹他州和加利福尼亚州的滑雪场数量最多。美国的冰壶场也非常发达，为冰壶运动员提供了优秀的训练和比赛场所。

除了滑雪场、溜冰场和冰壶场，北美洲的冰雪设施还包括冰球场和冰上曲棍球场。冰球是北美洲最受欢迎的冰雪运动之一，每年都有众多的比赛和活动举办。同时，冰上曲棍球也是北美洲的传统运动之一，其比赛场馆遍布各地。

在冰雪设施建设方面，北美洲的专业化程度非常高。各个设施均配备了最先进的技术和设备，同时还提供了一系列的配套服务，如训练、教练、器材租赁等，为冰雪爱好者和运动员提供了优质的体验和服务。北美洲冰雪设施建设非常发达，其冰雪产业已经成为当地经济和文化发展的重要支柱之一。同时，北美洲的冰雪设施也吸引了全球众多的冰雪爱好者前来体验和参与各种冰雪运动。

（二）欧洲

欧洲是全球冰雪设施建设最为成熟的地区之一，拥有丰富的自然资源和深厚的冰雪文化底蕴，为冰雪产业的快速发展提供了有利条件。

瑞士是欧洲冰雪设施最为集中的国家之一，以滑雪度假胜地闻名于世。瑞士的滑雪场数量众多，其中滑雪胜地圣莫里茨、茵德夫林、佩鲁乌等，被誉为世界顶级滑雪胜地。此外，瑞士还拥有众多的冰壶场和溜冰场，为冰壶和溜冰爱好者提供了良好的比赛和培训场所。

奥地利是欧洲滑雪场数量最多的国家之一，拥有各种类型的滑雪场，从初学者到专业运动员都能找到适合自己的滑雪场。同时，奥地利的冰壶场和溜冰场也非常发达，为冰壶和溜冰运动员提供了优秀的训练和比赛场所。

法国、德国等国家也是欧洲冰雪设施建设非常发达的国家。法国的阿尔卑斯山滑雪胜地、德国的巴伐利亚滑雪场等都备受游客青睐。此外，这些国家还有许多专业的冰壶馆和溜冰场，为冰壶、溜冰和花样滑冰爱好者提供了优质的场所和服务。

在冰雪设施建设方面，欧洲的专业化程度非常高。各个设施均配备了最先进的技术和设备，同时还提供了一系列的配套服务，如训练、教练、器材租赁等，为冰雪爱好者和运动员提供了优质的体验和服务。欧洲冰雪设施建设非常成熟，冰雪产业已经成为当地经济和文化发展的重要支柱之一。同时，欧洲的冰雪设施也吸引了全球众多的冰雪爱好者前来体验和参与各种冰雪运动。

（三）亚洲

随着亚洲冰雪运动的快速发展，各国也纷纷投资建设冰雪设施，其中中国、日本、韩国等国家的冰雪设施建设非常活跃，为冰雪产业的快速发展提供了重要支撑。

中国作为一个冬季运动大国，近年来在冰雪设施的建设方面进行了大力投资。中国成功举办了2022年北京冬奥会和冬残奥会，推动了国内冰雪产业的快速发展。在此过程中，中国修建了一系列世界级的冰雪设施，包括多座滑雪场、冰球馆和冰壶馆。此外，中国还加大了对冰雪运动的扶持力度，鼓励人们积极参与冰雪运动，从而进一步推动了冰雪产业的发展。

日本和韩国的滑雪场数量也相当可观。日本拥有众多滑雪胜地，其中以北海道、长野县、新潟县等地最为著名，每年都吸引着众多的滑雪爱好者前来体验。韩国则在2018年成功举办了平昌冬奥会，其冰雪设施建设水平也得到了提升。

除了上述国家之外，其他亚洲国家的冰雪设施建设也在不断发展。例如，哈萨克斯坦的滑雪胜地舒马兰拥有世界顶级的滑雪场，吸引了大量游客前来滑雪和旅游。蒙古国也正在积极发展冰雪产业，鼓励当地居民参与冰雪运动，并希望通过发展冰雪产业来推动经济发展。亚洲的冰雪设施建设在不断发展和壮大，为当地经济和文化发展提供了新的动力和机遇。未来，亚洲的冰雪产业将继续保持快速发展的势头，为冰雪爱好者和运动员提供更多更好的冰雪运动场所和服务。

（四）大洋洲

相对于其他地区，大洋洲的冰雪设施建设较少，但其中澳大利亚和新西兰是该地区的代表。这两个国家都有丰富的自然资源和气候条件，适宜进行冰雪运动，因此在当地建设了多个滑雪场和冰壶馆等设施。

澳大利亚的滑雪度假胜地分布在南部的维多利亚州和新南威尔士州，其中著名的滑雪场有珂斯科斯古和滑雪胜地费尔斯溪等。这些滑雪场不仅拥有优美的自然景观和丰富的雪上活动项目，而且还具备完善的设施和服务，吸引着大量的游客前来度假和滑雪。

新西兰则是世界上滑雪场数量最多、品质最高的国家之一。它的滑雪场分布在南岛的皇后镇、特卡波湖、惠特斯特卡和北岛等地，都拥有世界级的滑雪设施和服务。此外，新西兰还有许多专业的冰壶馆和溜冰场，满足人们的各种冰雪运动需求。

尽管大洋洲的冰雪设施相对较少，但澳大利亚和新西兰作为冰雪运动的代表，不断加大对冰雪产业的投资和发展，旨在提高当地的经济收益和文化形象，同时也让更多的人了解和热爱冰雪运动，促进了全球冰雪产业的发展。

（五）南美洲

南美洲的冰雪设施建设较少，但其中阿根廷、智利和巴西等国家也在积极投资和发展冰雪产业。

阿根廷是南美洲冰雪设施建设比较发达的国家之一，主要滑雪场集中在安第斯山脉地区。其中，著名的滑雪胜地有巴里洛切和圣马丁德洛斯安第斯等，这些滑雪场拥有优美的自然景观和完善的设施，能够满足游客的各种需求。此外，阿根廷还有一些专业的冰球场和冰壶馆，满足人们对冰雪运动的需求。

智利的冰雪设施主要分布在安第斯山脉和南极洲地区。智利有世界上最高的滑雪场之一——瓦尔邦国家公园，同时还有其他一些滑雪胜地，如普卡尔帕、卡帕利尔帕、拉索尔卡帕尔帕等。这些滑雪场配备完善的设施和服务，吸引着大量的游客前来滑雪和度假。

巴西的冰雪设施比较有限，但近年来也在积极推进冰雪产业的发展。巴西有一些滑雪场和冰壶馆，其中最为著名的是圣卡塔琳娜州的格莱马尔滑雪场，这是巴西最大的滑雪胜地，也是南美洲最大的滑雪场之一。

尽管南美洲的冰雪设施相对较少，但阿根廷、智利和巴西等国家也在积极投资和发展冰雪产业，旨在吸引更多的游客和投资，促进当地经济的发展和文化的交流。同时，也为南美洲冰雪运动的普及和发展做出了贡献。

三、冰雪产业竞争格局

全球冰雪产业的竞争格局是指各国或地区在冰雪产业中的市场占有率、竞争优势、发展战略等方面的相对地位和关系。其体现出的特征可以概括为以下几点。

（一）全球冰雪产业的市场占有率呈现出欧美主导，亚洲追赶，其他地区落后的格局

欧洲和北美是全球冰雪产业的主要市场，占据了约70%的市场份额，拥有众多知名的冰雪旅游目的地、冰雪运动品牌、冰雪设备制造商等。亚洲是全球冰雪产业的增长引擎，占据了约20%的市场份额，其中中国、日本、韩国等国家是亚洲冰雪产业的领头羊，拥有庞大的消费市场、政策支持、基础设施建设等优势。其他地区如南美、非洲、大洋洲等在全球冰雪产业中的市场份额较低，不足10%，主要面临着气候条件、消费水平、文化认知等方面的制约。

（二）全球冰雪产业的竞争优势呈现出资源禀赋、技术创新、品牌影响力等方面的差异

欧美国家在冰雪产业中拥有丰富的自然资源、先进的技术水平、强大的品牌影响力等优势，形成了稳定的市场地位和核心竞争力。亚洲国家在冰雪产业中拥有庞大的消费需求、快速的发展速度、灵活的市场策略等优势，形成了强劲的市场潜力和竞争动力。其他地区在冰雪产业中拥有特殊的地理位置、独特的文化风情、多样的旅游产品等优势，形成了一定的市场特色和竞争空间。

（三）全球冰雪产业的发展战略呈现出合作共赢、创新突破、差异化发展等方面的趋势

随着全球化和区域化的深入发展，各国或地区在冰雪产业中不仅存在竞争，也存在合作，通过共享资源、交流经验、扩大市场等方式实现互利共赢。同时，各国或地区也在不断创新突破，通过引入新技术、新模式、新产品等方式提升自身竞争力和适应能力。此外，各国或地区也在寻求差异化发展，通过突出自身特色、满足消费需求、打造品牌形象等方式实现自身定位和差异化优势。

思考练习

1. 冰雪产业的发展属性与发展特征有哪些？
2. 请简述冰雪资源的开发可从哪些方面实施？
3. 目前世界冰雪产业的发展趋势如何？

案例分析

在黑龙江省冰雪经济"火"起来
相约亚冬会拥抱哈尔滨

冰上训练中心，短道速滑运动健儿挥汗如雨；在体育场馆改造现场，工人们热火朝天；在哈尔滨亚冬会筹办工作专班办公地，工作人员破解一道道难题，跨过一道道"门槛"。一幅幅时不我待、攻坚克难的工作场面，见证着哈尔滨"邀约世界逐梦亚冬会"，展现着"奥运冠军之城"的信心和作为。

继1996年成功举办亚冬会后，哈尔滨再次成功申办亚冬会。"申办亚冬会是对哈尔滨综合实力的充分肯定""实至名归"，当哈尔滨成功申办2025年亚冬会的消息冲上热搜，国内外网友纷纷留言点赞。凭借冰雪文化发展和传承方面的优势，哈尔滨成为冰雪赛事举办地实至名归。几年来，哈尔滨相继举办了全国冬季铁人三项锦标赛、全国冰壶青少年锦标赛等国家级品牌赛事，成功举办 2009 年哈尔滨世界大学生冬季运动会。北京冬奥会上中国体育代表团中，黑龙江省运动员占国内参赛运动员的 43.5%，教练员占中方教练员的 55.6%，取得 4 枚金牌、2 枚铜牌的优异成绩，占我国金牌总数的 44.4%、奖牌总数的 40%，居全国首位；今年 7 月，《大众滑雪运动项目基础术语》等 11 项冰雪运动国家标准由黑龙江省体育局、黑龙江冰雪体育职业学院牵头起草，是全国体育标准化技术委员会第一次"批量生产"如此多的国家标准。

比赛场馆是体育赛会硬件设施的"王牌"。国际会展中心体育馆、哈尔滨体育学院滑冰馆、哈尔滨冰球馆、省冰上训练中心速滑馆和滑冰馆、亚布力滑雪场等，随着这些体育场馆的改造升级，哈尔滨承接国际性赛事的能力节节攀高"置顶"。近年来，哈尔滨在冰雪运动的普及和推广上持续加力，新建 10 个气膜冰上运动中心，全部投用；八区体育场改造成为全民健身中心；八区冰球馆翻新，为冰雪运动后备人才提供了更好的训练和比赛条件。今年初，利用松花江、马家沟河水面和公园天然水域浇建的 90 余块公益冰场，为市民参与冰雪运动开辟了新天地。其中，哈尔滨大剧院南侧沿江 80 万平方米公益冰场，是亚洲最大的室外冰场。

借势"冬奥会效应"，《黑龙江省冰雪经济发展规划（2022—2030 年）》《黑龙江省支持冰雪经济发展若干政策措施》提出建设"冰天雪地也是金山银山"先行区和后冬奥国际化冰雪经济示范区的新战略、新构想，着力构建冰雪体育、冰雪文化、冰雪装备、冰雪旅游交互支撑的现代冰雪经济体系。哈尔滨乘势跟进，明确提出到 2025 年，冰雪产业总产值达到 750 亿元，占全省四分之一以上；到 2030 年，冰雪产业总产值突破 1500 亿元，占全省三分之一以上。引入高端赛事，放大冰雪体育产业联动效应；稳住核心优势，打造全谱系冰雪文旅体产品，发出冰雪经济振兴的最强音。

哈尔滨冰灯游园会开创我国现代冰雪文化的先河，中国·哈尔滨国际冰雪节是我国冬季旅游走向世界的亮丽名片。作为我国冰雕、雪雕、冰雪画、冰版画等冰雪艺术的发源地，冰上杂技、特技、魔术等冰秀表演在世界舞台上独树一帜。

作为我国冰雪旅游的摇篮，哈尔滨独家出品的冰雪大世界、太阳岛雪博会、亚布力滑雪度假区等观光体验类冰雪旅游产品驰名中外，多次蝉联"冰雪旅游十佳目的地"榜首城市。第35届冰雪节接待游客2339万人次，旅游总收入高达392亿元。

积极拓展冰雪产业链条，哈尔滨初步形成了以索道、魔毯、雪板、除雪设备等产品为主的冰雪运动装备和冰雪场地装备两个装备产业体系，在哈尔滨注册的冰雪运动相关企业460多家。市场旺、产业兴、投资热，黑龙江冰雪经济开启新纪元；新机遇、新蓝图、新动能，亚冬会为冰雪产业发展敲响新鼓点。后冬奥时代，黑龙江积极抢占新赛道，展望亚冬会，必将进一步带动冰雪产业"火"起来，让冰天雪地真正成为金山银山。

（案例资料来源：人民网）

第三章
冰雪赛事

冰雪赛事的起源可以追溯到数千年前。然而，作为现代冰雪赛事的标志性事件，冬季奥林匹克运动会（Winter Olympic Games）始于 1924 年。这一年，在法国的夏蒙尼举办了第一届冬季奥林匹克运动会，标志着现代冰雪赛事的正式开端。

在这之前，冰雪运动已经在北欧和阿尔卑斯地区等地逐渐发展，并形成了一些地方性的赛事。例如，1901 年起，挪威开始举办霍尔梅科伦滑雪大赛（Holmenkollen Ski Festival），这是世界上最古老的滑雪赛事之一。然而，正是 1924 年的夏蒙尼冬奥会，使冰雪赛事的影响力扩大到全球范围，为之后冰雪赛事的发展奠定了基础。

第一节　主要冰雪赛事介绍

冰雪赛事是冰雪产业的一个重要组成部分，包括各种国际和国内的冰雪运动比赛。这些赛事不仅促进了冰雪运动的普及和发展，还为冰雪产业带来了经济效益和社会效应。下面介绍一些世界主要的冰雪赛事。

一、冬奥会

冬奥会是国际奥委会主办的全球最高水平、最具影响力的冰雪运动会，旨在促进世界各国之间的交流、友谊和和平。冬奥会每四年举办一次，共设有 15 个大项 102 个小项，是全球冰雪运动界的盛会之一。

随着全球冰雪运动的快速发展，冬奥会作为冰雪运动的最高级别赛事，也在不断发展和壮大。冬奥会的历史可以追溯到 20 世纪初，第一届冬奥会于 1924 年在法国夏蒙尼举办。最初，冬奥会只有 6 个比赛项目，参赛国家也很有限。随着时间的推移，冬奥会逐渐扩大规模和影响力，赛事项目也得到不断丰富和更新。随着时间的推移，冬奥会的规模和影响力不断扩大，目前已经成为全球最具规模和影响力的冰雪运动会。

冬奥会比赛涉及多个项目，包括高山滑雪、自由式滑雪、跳台滑雪、短道速滑、花样滑冰、冰壶、冰球等。其中，自由式滑雪、单板滑雪等新兴项目也逐渐受到冬奥会组委会的关注和推广。参加冬奥会的运动员和国家也在不断增加，已经涵盖了全球数十个国家和地区，成为全球最具影响力的冰雪赛事之一。

冬奥会的举办不仅促进了全球冰雪运动的发展和普及，同时也为举办国家和城市带来了巨大的经济和社会效益。每届冬奥会的举办都会吸引数百万观众前往现场观赛，同时也会吸引来自世界各地的媒体关注和报道，对于推动当地旅游业、酒店业、餐饮业等经济产业的发展有着重要的意义。

近年来，国际奥委会提出了"奥林匹克 2020 议程"，旨在推动奥林匹克运动的可持续发展、增强奥林匹克的参与度和吸引力、促进奥林匹克运动在数字时代的发展等多项内容。该议程于 2014 年通过，并于 2015 年正式实施。

"奥林匹克 2020 议程"将可持续性作为一个核心价值观，倡导可持续发展理念。其中，可持续性在奥林匹克场馆的建设、赛事组织和冬奥会遗产管理等方面得到了广泛应用。议程将社交媒体和数字技术等创新手段应用于奥林匹克运动中，增强了观众的参与度和互动性，同时也提高了奥林匹克运动的吸引力。"奥林匹克 2020 议程"提倡数字技术的应用，以提高比赛的公正性、观赏性和互动性。同时，数字化还可以提高奥林匹克运动的管理和运营效率，减少资源浪费。

"奥林匹克 2020 议程"强调奥林匹克运动的核心价值观，包括尊重、友谊和卓越。这些价值观不仅体现在比赛中，还贯穿于奥林匹克运动的各个方面。

"奥林匹克 2020 议程"提出了一系列措施，以推动奥林匹克运动的可持续发展、增强参与度和吸引力、推进数字化和强化奥林匹克价值观等方面的发展，为奥林匹克运动的未来发展奠定了基础。冬奥会作为全球最高水平、最具影响力的冰雪运动会，不仅推动了全球冰雪运动的发展和普及，同时也为举办国家和城市带来了重要的经济和社会效益。

二、滑雪世界杯

滑雪世界杯是世界上最具影响力和最高水平的滑雪赛事之一，每年都会在世界各地举办多个分站比赛和总决赛。滑雪世界杯分为多个项目，包括高山滑雪、自由式滑雪、跳台滑雪、越野滑雪、滑降等。

滑雪世界杯的历史可以追溯到 1966 年，当时第一届滑雪世界杯在法国阿尔卑斯山区举办，仅包括高山滑雪和滑降 2 个项目，5 个国家参赛。随着时间的推移，滑雪世界杯的规模和影响力逐渐扩大，吸引了全球众多滑雪爱好者和职业选手的关注和参与。随着比赛的成功举办，滑雪世界杯开始逐渐发展壮大，引入了更多的滑雪项目，如越野滑雪、跳台滑雪、自由式滑雪等。

在发展过程中，滑雪世界杯的赛制和规则也不断完善和调整。最初的比赛只包括单项比赛，后来逐渐增加了大回转和超级大回转等多项比赛。此外，随着赞助商和电视转播的介入，滑雪世界杯的赛事质量和影响力也有了明显的提升。

在世界杯赛事中，运动员们可以通过参加比赛获取积分，最终获得总冠军和单项冠军。此外，滑雪世界杯也是各国运动员参加奥运会和世锦赛的重要资格赛。每年都会有数十个分站比赛和总决赛，各项比赛的水平和精彩程度也在不断提高。

随着滑雪世界杯的发展，未来将呈现出以下几个趋势。

1. 参赛队伍更加多样化

随着亚洲和南美洲等地区冰雪运动的发展，未来将有越来越多的国家和地区参与滑雪世界杯，使比赛更加多元化和丰富化。

2. 技术和装备的不断创新

滑雪世界杯需要选手具备高超的技术和先进的装备，随着科技的不断进步和创新，未来的比赛将会出现更多的新技术和新装备。

3. 数字化和虚拟化的应用

未来的滑雪世界杯将会更加注重数字化和虚拟化的应用，包括实时直播、虚拟现实和增强现实等技术的应用，使观众可以更加生动、直观地感受到比赛的精彩程度。

4. 可持续性的发展

滑雪世界杯的举办需要消耗大量的资源和能源，未来将更加注重可持续性的发展，包括减少碳排放、环境保护等方面的工作。

三、世界冰壶锦标赛

世界冰壶锦标赛是由国际冰壶联合会（World Curling Federation）主办的一项国际性的冰壶比赛，每年都会吸引来自世界各地的顶尖冰壶运动员和团队参加，是世界上最高水平、最具影响力的冰壶赛事之一。

这个赛事的历史可以追溯到 1959 年，当时由瑞典和苏联两国发起，举办了第一届冰壶世界锦标赛，仅有 7 个参赛国家。20 世纪 60 年代和 70 年代，欧洲和北美洲国家成为世界冰壶赛事的主力军，这些国家的冰壶运动员表现出色，为比赛增添了很多看点。当时，世界冰壶锦标赛还比较小众，参赛国家和地区也较为有限。然而，随着冰壶运动在世界范围内的普及和发展，越来越多的国家开始关注并参与到这项运动中来。

到了 20 世纪 80 年代，亚洲和大洋洲的国家开始加入比赛，参赛国家数量不断增加，比赛水平也不断提高。1989 年，第 1 届女子世界冰壶锦标赛在瑞典斯德哥尔摩举行，标志着冰壶运动的全球化和女子冰壶的正式诞生。此后，女子冰壶锦标赛每年都会举办。

20世纪90年代，随着冰壶运动的普及和发展，越来越多的国家开始投入更多的资源和精力来提升自己的冰壶水平。1991年，世界冰壶联合会（World Curling Federation，WCF）成立，该组织成为全球冰壶运动的最高权威机构，并推动了冰壶运动的全球化进程。

到了21世纪，世界冰壶锦标赛已经成为世界上最具影响力和最高水平的冰壶比赛之一，参赛国家和地区数量不断增加。2008年，世界冰壶锦标赛在加拿大温哥华举行，中国队首次参加世界冰壶锦标赛。2010年，世界冰壶锦标赛在瑞士洛桑举行，中国队获得了银牌，创下了中国冰壶历史上的最佳成绩。2013年，世界冰壶锦标赛在加拿大维多利亚举行，中国队获得了铜牌，这是中国队首次在男子组比赛中获得奖牌。2017年，世界冰壶锦标赛在中国北京举行，这是北京成功申办2022年冬奥会后，举办的首个冰雪大型赛事。2019年，世界冰壶锦标赛在丹麦斯瓦尔巴举行，中国队在男子组比赛中获得铜牌，创下了中国男子队在世锦赛上的最佳成绩。而在女子组比赛中，中国队表现出色，最终赢得了冠军。

随着冰壶运动的全球普及和发展，未来世界冰壶锦标赛将会继续吸引更多国家和地区的参与，同时也将在比赛水平、技术创新、营销等方面不断创新和发展。世界冰壶锦标赛作为冰壶运动中的最高级别比赛之一，一直在不断探索和发展，以适应时代的发展和观众的需求，其未来的发展方向可以概括为以下几点。

1. 提高比赛水平和观赏性

随着冰壶运动的普及和发展，越来越多的国家和地区开始参与到世界冰壶锦标赛中来，比赛水平得到了明显提高。同时，组织方也在不断探索如何提高比赛的观赏性，例如采用多摄像头直播、增加现场娱乐节目等方式。

2. 强化赛事的国际化程度

世界冰壶锦标赛的参赛队伍已经从最初的欧洲和北美洲扩展到了全球各地。

随着参赛国家和地区的增加，赛事的国际化程度也不断提高。目前，世界冰壶锦标赛已经成为冰壶运动中最具国际影响力的赛事之一。

3. 探索新的比赛模式和规则

为了增加比赛的趣味性和观赏性，世界冰壶锦标赛也在不断探索新的比赛模式和规则。例如引入"淘汰赛"和"小组赛"等模式，以及不断修改和完善比赛规则，以提高比赛的公正性和趣味性。

4. 加强青少年培养和推广

作为一项具有悠久历史的运动，冰壶在很多国家和地区已经成为一项流行的青少年运动。为了推广冰壶运动和吸引更多的年轻人参与，世界冰壶锦标赛也在加强青少年培养和推广方面下了很大的功夫。例如增加青少年组比赛、开展青少年冰壶训练营等活动。

世界冰壶锦标赛的发展方向主要包括提高比赛水平和观赏性、强化赛事的国际化程度、探索新的比赛模式和规则以及加强青少年培养和推广。

四、女子冰球世锦赛

女子冰球世锦赛是女子冰球项目的最高级别赛事之一，由国际冰球联合会（IIHF）主办。第一届女子冰球世锦赛于 1990 年 3 月 19 日至 25 日在加拿大温哥华举行，当时只有 6 个国家参加比赛，包括加拿大、美国、瑞典、芬兰、日本和挪威。比赛采取循环赛制，每个队伍都要和其他 5 个队伍交手，最终以胜场数排名。加拿大队在决赛中以 5 : 2 战胜美国队，获得了首届女子冰球世锦赛的冠军。

随着女子冰球运动的不断发展，女子冰球世锦赛的参赛国家数量不断增加。从 1992 年开始，女子冰球世锦赛改为每年举行一次，直到 2010 年冬奥会年份，女子冰球世锦赛被暂停，改为由冬奥会承办女子冰球比赛。2011 年，女子冰球世锦赛恢复举办，并成为每年举行一次的常规赛事。2019 年，国际冰球联合会宣布女子冰球世锦赛将从 2021 年开始改为每两年举行一次，以便为女子冰球的发展留出更多的时间和空间。

女子冰球世锦赛的参赛国家逐年增多，比赛水平不断提高。目前，女子冰球世锦赛共分为两个级别：最高级别的是世界冰球女子锦标赛（Women's World Ice Hockey Championship），共有 10 个参赛国家，其中包括加拿大、美国、俄罗斯等冰球强国；次高级别的是世界冰球女子乙级锦标赛（Women's World Ice Hockey Championship DivisionII），共有 8 个参赛国家。

女子冰球世锦赛的历史充满了传奇和经典瞬间，比如加拿大和美国之间的激烈对决、瑞典女子冰球队的突飞猛进，等等。女子冰球世锦赛为女子冰球的发展和普及做出了巨大的贡献，也让更多的女性有机会接触和喜爱这项运动。女子冰球世锦赛在各国女子冰球运动员和球迷中具有重要的地位，不仅可以展现各国队伍的实力和风采，也可以为女子冰球运动的发展提供更多的机会和平台。

第二节　冰雪赛事管理

冰雪赛事管理旨在确保冰雪比赛的顺利进行、运动员的安全和公平竞争。随着冰雪运动在全球范围内的普及和发展，对于专业和高效的赛事管理需求日益增强。

一、冰雪赛事管理概述

（一）冰雪赛事管理的概念

冰雪赛事管理是指对冰雪赛事的策划、组织、实施和评估等方面进行全面管理和协调的过程。这包括对赛事的各个环节进行规划和安排，如场地和设备的选定、赛程安排、人员安排、安全保障、媒体宣传、赛事评价等，同时还要保证赛事的公平、公正和规范，保障赛事的品质和形象，满足各方面的需求和利益。

冰雪赛事管理的目的在于推动冰雪运动的发展，提高赛事的质量和水平，增强赛事的影响力和吸引力，促进体育产业的发展和经济效益的提升。同时，也要保证赛事的公平性和合法性，遵守法律法规和道德规范，维护赛事的声誉和形象，为广大观众和参与者提供高品质的赛事体验和服务。

（二）冰雪赛事管理的重要性

冰雪赛事管理对于冰雪产业的发展具有重要的作用。

1.促进冰雪产业的发展

冰雪赛事管理可以推动冰雪产业的发展，增强冰雪产业的影响力和竞争力。

2.提升比赛质量

通过科学合理的赛事管理，可以提升比赛的组织和管理水平，保障比赛的公平、公正、公开。

3.增强比赛的吸引力

合理的赛事策划和管理可以提高比赛的吸引力，吸引更多的观众和赞助商参与。

4.建立品牌形象

通过精心策划和管理赛事，可以为赛事建立品牌形象，提升赛事的知名度和美誉度。

5.推广冰雪文化

赛事管理可以推广冰雪文化，传递冰雪精神，培养冰雪爱好者和人才，促进冰雪产业的可持续发展。

6.增强国家软实力

通过举办和管理国际性的冰雪赛事，可以增强国家的软实力，提升国家的国际地位和影响力。

二、冰雪赛事组织与策划

（一）冰雪赛事组织的基本原则

1.公正、公平原则

赛事组织者应当公正、公平地对待所有参赛选手，并且采取公开、透明的方式进行赛事组织和管理。

2. 安全原则

赛事组织者应当充分考虑参赛选手的人身安全和比赛的安全性，采取必要的安全措施，确保比赛的顺利进行。

3. 规范原则

赛事组织者应当遵守相关法律法规和规章制度，确保赛事的合法性和规范性。

4. 创新原则

赛事组织者应当不断创新和改进赛事内容和组织方式，提高赛事的吸引力和影响力。

5. 可持续原则

赛事组织者应当考虑赛事的可持续性，采取环保措施，降低赛事对环境的影响，同时也要保证赛事的经济可持续性，确保赛事的长期发展。

（二）冰雪赛事策划的流程和关键要素

冰雪赛事策划是一个复杂的过程，需要考虑多方面的因素，其中需要重点注意的要素包括：

1. 确定赛事类型和规模

决定赛事类型和规模是策划的第一步，需要考虑到赛事的目的、定位和预算等因素。

2. 确定赛事时间和地点

确定赛事时间和地点需要考虑到气候条件、场地设施、交通状况等因素。

3. 策划营销方案

制定营销方案，包括赛事宣传、票务销售、赞助商招募等方面。

4. 策划赛事场馆和设施

制定场馆和设施策划方案，包括场地选择、场馆建设、设备购置等方面。

5. 策划赛事组织架构和人员配置

制定赛事组织架构和人员配置方案，包括赛事组委会、裁判团队、志愿者队伍等。

6. 策划赛事安保措施

制定赛事安保措施，包括场馆安保、交通安保、消防安保等方面。

7. 制定赛事运营方案

制定赛事运营方案，包括赛事日程安排、赛事流程设计、赛事结果统计等方面。

8. 策划赛事后续活动

制定赛事后续活动策划方案，包括闭幕式、颁奖典礼、嘉宾接待等方面。

9. 制定赛事预算

根据策划方案制定赛事预算，包括场馆租赁费用、设备购置费用、人员费用、宣传费用等方面。

10. 监督和评估

赛事策划结束后，需要对策划和执行过程进行评估和总结，总结经验，不断完善策划方案。

以上是一般情况下冰雪赛事策划的流程和关键要素，具体情况可能会因赛事类型、规模和地域差异等因素而有所不同。

（三）冰雪赛事的场馆选择和建设

冰雪赛事场馆的选择和建设是冰雪赛事管理的重要环节。场馆的选择和建设应该充分考虑到赛事的需要和场馆的特点，以确保赛事的顺利进行和场馆的合理利用。

冰雪赛事场馆选择和建设的一些关键要素包括：

1. 场地的选择

应选择地势平坦、气候适宜、交通便利的地方，以方便参赛运动员和观众的到来。

2. 设施的建设

应根据不同项目的需要建设不同类型的场馆设施，如滑雪场、冰球馆、冰壶馆等。场馆的设计应考虑到安全、便利和舒适等因素。

3.设备的采购

应根据场馆的需要购置相应的设备和器材，如冰刀、雪具、冰球、冰壶等，以保证赛事的顺利进行和场馆的正常使用。

4.维护保养

场馆设施和设备的维护保养工作应及时、有效地进行，以保证场馆的安全、稳定运行和设施的完好性。

5.环保建设

场馆建设应注重环保因素，采用节能、环保的设计和建设理念，减少对环境的污染和破坏。

6.社会效益

场馆建设和利用应考虑到其对当地经济和社会的影响，尽可能实现经济效益和社会效益的统一，提高场馆的利用率和社会认同度。

场馆的选择和建设是冰雪赛事管理的重要组成部分，应充分考虑到赛事的需要、场馆的特点和社会效益，以确保赛事的成功举办和场馆的合理利用。

三、冰雪赛事人员管理

（一）冰雪赛事的人员组成和职责划分

冰雪赛事的人员组成和职责划分是赛事顺利进行的重要保障。通常来说，一个完整的冰雪赛事组织团队需要包括以下人员：

赛事主管：负责赛事整体策划、组织、协调和管理。

赛事执行主管：负责赛事现场的执行工作，包括赛道、赛事仪式等。

赛事运营经理：负责赛事场馆和设施的运营和维护。

赛事市场营销负责人：负责赛事的市场推广和营销，包括赞助商招募、票务销售等。

宣传推广经理：负责赛事的宣传和推广，包括媒体宣传、社交媒体运营等。

赛事志愿者经理：负责赛事志愿者招募、培训和管理工作。

安保经理：负责赛事安保工作，包括赛事现场安保、交通管理等。

赛事医疗负责人：负责赛事医疗保障，包括现场急救、运动员健康管理等。

评委：负责赛事比赛过程的评判工作。

记分员和计时员：负责比赛成绩和计时的记录和管理。

以上人员职责划分因不同赛事的人员组成和职责划分可能会略有不同。

（二）冰雪赛事人员的选拔和培训

冰雪赛事人员的选拔和培训是确保赛事顺利进行的重要环节。

1. 冰雪赛事人员的选拔

（1）确定职位和职责：根据赛事的组织和需求，确定各个职位的名称和职责，以便更好地明确选拔的人员需要具备的能力和素质。

（2）制定选拔标准：根据职位的不同和需要，制定相应的选拔标准，包括专业技能、工作经验、语言能力、团队协作等方面。

（3）发布选拔通知：在各种途径上发布选拔通知，包括招聘网站、社交媒体等，吸引符合要求的人员参加选拔。

（4）审核简历和面试：根据选拔标准，审核符合要求的简历，并安排面试。面试过程中需要考察应聘者的专业知识、应变能力、团队协作能力等方面。

（5）选拔人员：根据审核结果和面试表现，综合评估应聘者的能力和素质，选择最适合的人员加入赛事组织团队。

2. 冰雪赛事人员的培训

（1）制订培训计划：根据各个职位的职责和需求，制订相应的培训计划，明确培训内容和时间。

（2）组织培训：根据培训计划，组织相关的培训，包括专业知识、团队协作、安全保障等方面。

（3）考核培训效果：通过培训后的考核，对培训效果进行评估，并进行必要的调整和改进。

（4）持续培训：对于长期从事冰雪赛事管理工作的人员，需要进行持续的培训，以更新知识和技能，提高综合素质。

赛事组织者需要充分重视人员的选拔和培训环节，确保人员能力和素质的匹配，为赛事的顺利进行提供有力的支持。

（三）冰雪赛事人员的安全保障

冰雪赛事人员的安全保障是冰雪赛事管理中非常重要的一部分，是保证冰雪赛事顺利进行的关键。冰雪赛事人员安全保障的一些常见的措施有：

1. 制定安全规定

在赛事策划的早期阶段，必须制定一份安全规定，详细说明赛事期间的安全要求、安全预案、危险区域、禁止行为等，以确保所有人员都能够遵守相关安全规定。

2. 招募安全保障人员

赛事期间必须有专业的安全保障人员在场，他们需要掌握应急处理技能、熟悉相关安全规定，能够及时有效地处置安全事件。

3. 赛场安全检查

在赛事开始前，需要对所有场地和设施进行安全检查，确保设施符合安全标准，比如冰面厚度是否符合要求、雪道是否平整等。

4. 安全培训

赛事期间需要对所有参与人员进行安全培训，包括比赛规则、安全规定、急救处理等，以提高安全意识和应对能力。

5. 协调救援资源

赛事期间需要建立应急救援机制，协调救援资源，确保能够及时有效地处置安全事件。

6. 防火安全

赛事期间需要采取防火措施，如设置灭火器、安装烟雾探测器等，以避免因意外事故引发火灾。

7. 预警系统

赛事期间需要建立预警系统，对可能发生的安全事件进行监控和预警，以最大程度地减少潜在的危害。

四、冰雪赛事营销与推广

（一）冰雪赛事的营销方式

冰雪赛事的成功需要有效的营销，具体营销方式可以参考以下方式：

1. 网上营销

利用官方社交媒体平台和网站等来宣传和推广比赛，包括发布比赛信息、互动活动、赛事照片和视频等；也可进行赛事相关文章的发布及热点话题的讨论等。

2. 赛事赞助

通过赞助商的资金和品牌推广来提高比赛的知名度和吸引力，同时赞助商也会受益于与冰雪赛事相关的广告宣传。

3. 地方政府支持

通过与当地政府和旅游机构合作，利用他们的资源和渠道来推广比赛，并吸引更多的观众和游客。

4. 门票销售和促销

通过多种渠道销售门票，如网上售票、售票窗口、售票代理等，并提供各种优惠和促销活动来增加观众的购买欲望。

5. 新闻宣传

通过各大媒体的报道和采访来扩大比赛的影响力和知名度，增加媒体曝光率。

6. 活动营销

通过在比赛期间组织各种有趣的互动活动，如签名会、球迷见面会、商业展览等来吸引观众和游客。

7. 网络直播和转播

通过网络直播和电视转播来扩大比赛的覆盖范围和观众群体，提高比赛的收视率和知名度。

（二）冰雪赛事营销的重要性和影响

冰雪赛事的营销对于其成功举办、参赛选手和观众的满意度以及赛事商业价值的提升都具有重要意义。在当今竞争激烈的市场环境下，营销能力的强弱直接决定着赛事的影响力和商业价值。通过科学合理的营销策略和手段，可以扩大赛事的知名度、提高赛事的参与度和观赏性、增加赛事的收入和赞助，进而促进冰雪运动的发展。因此，冰雪赛事的营销工作必须得到充分的重视和投入。

冰雪赛事营销的影响可以从多个方面来看。

1. 增加品牌知名度和影响力

通过冰雪赛事的营销，可以将品牌展现给更多的观众和粉丝，提高品牌知名度和影响力。

2. 增加赛事的关注度和吸引力

营销活动可以为冰雪赛事带来更多的关注度和吸引力，从而吸引更多的赞助商和观众。

3. 增加收入来源

营销活动可以为冰雪赛事带来更多的收入来源，如赞助商的赞助、门票销售、广告收入等。

4. 建立品牌形象和价值观

通过冰雪赛事的营销，可以传递品牌的形象和价值观，塑造品牌形象和品牌口碑，提高品牌的美誉度和信誉度。

5. 推动冰雪运动的发展

通过冰雪赛事的营销，可以吸引更多的人参与到冰雪运动中，推动冰雪运动的发展和普及。

冰雪赛事的营销不仅可以为赛事本身带来更多的收益和关注度，也可以为品牌建立良好的形象和价值观，同时也有助于推动冰雪运动的发展。

（三）冰雪赛事与品牌合作和赞助

1.冰雪赛事与品牌合作

赛事与品牌合作是一种常见的营销方式，通过与品牌合作，冰雪赛事可以获得更多的资金支持和宣传资源，提升赛事的知名度和影响力。同时，品牌也可以通过冰雪赛事吸引更多的目标消费群体，增强品牌的认知度和美誉度。

冰雪赛事与品牌合作的形式多种多样，可以是冠名赞助、广告投放、赛事场馆命名权，等等。其中，冠名赞助是最常见的形式，赞助商可以通过冠名赞助获得赛事的命名权和赞助权，同时还可以获得广告曝光、产品推广、品牌宣传等多方面的利益。广告投放则是通过在赛事现场、电视直播等渠道投放品牌广告来吸引消费者的关注。赛事场馆命名权则是将赞助商的品牌名称与赛事场馆名称进行结合，实现品牌宣传和场馆命名的效果。

冰雪赛事与品牌合作的好处不仅仅是为赛事提供了资金支持，还可以带来更多的赞助商和观众，提高赛事的影响力和知名度。同时，合作品牌也可以通过赛事来扩大其品牌影响力和市场份额，提高品牌忠诚度和客户满意度。因此，冰雪赛事与品牌合作是一种双赢的合作方式，有利于促进冰雪产业的发展。

2.冰雪赛事赞助

冰雪赛事赞助是指企业或组织以经济或物质等方式支持冰雪赛事，以达到品牌推广、形象提升、营销促销等目的的行为。赞助在冰雪赛事中扮演着至关重要的角色，既可以提供经济支持，也可以增强赞助企业的品牌形象和知名度，同时也可以为赛事的成功举办提供必要的资源和支持。

冰雪赛事赞助的形式多种多样，包括现金赞助、产品赞助、服务赞助等。具体来说，现金赞助是指企业提供一定数额的资金支持赛事的举办；产品赞助则是指企业提供自身产品或服务，作为赛事奖品或者赛事服务的一部分；服务赞助是指企业提供一定的服务支持，比如提供场馆设施或人员等。

在选择冰雪赛事赞助时，企业需要综合考虑自身的品牌定位、赛事的知名度和影响力、目标受众等因素。同时，企业需要制定明确的赞助目标和计划，通过赛事赞助实现品牌推广、销售促进、形象提升等目标。在赛事赞助过程中，企业需要充分利用赞助权益，包括品牌露出、广告宣传、奖励活动等，为企业带来更大的品牌收益和商业价值。

五、冰雪赛事安全管理

（一）冰雪赛事安全管理的基本要求

冰雪赛事安全管理的基本要求包括以下几个方面。

1. 建立健全安全管理制度和规章制度

冰雪赛事主办方应制定完善的安全管理制度和规章制度，包括应急预案、安全风险评估、安全保卫、设备维护等方面，明确各部门职责和工作流程。

2. 按照国家相关法律法规和标准，对赛事场馆和设施进行安全检查和评估

冰雪赛事主办方应确保场馆和设施符合国家相关安全标准，对场馆和设施进行定期的安全检查和评估，确保赛事安全顺利进行。

3. 加强现场安全管理

冰雪赛事主办方应组织专业人员进行安全管理和指导，加强现场安全巡查和监控，确保比赛场地和周边环境的安全。

4. 做好观众安全工作

冰雪赛事主办方应在场馆内外设置安全警示标识，进行人员流量管理，设立紧急救援点和医疗服务中心，提供安全保障和应急救援服务。

5. 做好应急处置和救援工作

冰雪赛事主办方应制定应急预案，做好应急处置和救援准备工作，组织专业救援队伍，确保在紧急情况下能够迅速响应和处置。

（二）冰雪赛事安全管理的应急预案

冰雪赛事安全管理的应急预案是指在冰雪赛事过程中，针对各种可能出现的突发情况进行预先制定的安全应对措施。冰雪赛事安全管理应急预案的一些基本要求有：

1. 明确责任

确定应急预案编写和实施的责任人和责任部门，明确各岗位的职责和应急

流程。

2. 应急流程

在应急预案中明确应急流程和时间节点，包括各部门应急响应措施、救援和转运措施等。

3. 现场保障

应急预案需要确定现场安保措施和急救措施，包括医疗急救人员、设备、药品等的配备和保障。

4. 协调沟通

应急预案需要确定与各相关部门的沟通协调方式，包括赛事主办方、安保部门、救援部门等。

5. 宣传教育

赛前需对所有参与人员进行安全宣传和教育，使其掌握应急预案并遵守安全规定。

6. 风险评估

应急预案需要定期进行风险评估和演练，及时修订和完善预案，提高应急能力和响应速度。

以上是冰雪赛事安全管理应急预案的基本要求，赛事主办方应当根据实际情况进行制定和完善，以确保赛事的安全和顺利进行。

（三）冰雪赛事安全管理的实施与监督

1. 冰雪赛事安全管理的实施

关于冰雪赛事安全管理的实施涉及多个方面，下面是一些基本措施：

（1）保障场馆安全：场馆是冰雪赛事进行的场所，必须要有完善的安全措施。包括场馆的设计、施工、检测、验收和日常维护等方面都要符合相关标准和要求。

安全培训：组织冰雪赛事的工作人员、志愿者和安保人员必须经过安全培训，掌握相关的安全知识和操作技能，遇到紧急情况能够及时应对。

（2）安全检查：在冰雪赛事进行前，需要对场馆、设备和器材进行全面的安全检查，确保一切正常并符合安全标准。赛事期间也需要定期进行安全检查，及时发现和解决安全隐患。

（3）安保措施：对于大型的冰雪赛事，需要配置专业的安保人员和设备，进行全方位的安保工作，保障赛事和观众的安全。安保措施包括人员安检、物品检查、现场巡逻等。

（4）应急预案：制定完善的应急预案，对可能出现的紧急情况进行预先规划和演练，确保在出现安全问题时能够及时响应和处理。同时还要确保赛事的医疗救护体系完善，能够及时救治受伤的运动员和观众。

（5）安全宣传：通过各种方式向参赛人员、观众和媒体传达安全意识和安全知识，引导大家遵守赛场规则和注意安全。同时，加强对社会公众的安全宣传和教育，提高大众对冰雪赛事安全的认识和重视程度。

2. 冰雪赛事安全管理实施的监督

冰雪赛事安全管理很重要，对实施的监督也非常重要，它可以确保安全管理的有效性和可持续性。以下是对冰雪赛事安全管理实施的监督的一些方法：

（1）监测与评估：通过对赛事场馆、设备、人员等方面的监测和评估，及时发现问题并采取相应的纠正措施。

（2）抽查检查：在赛事期间，通过抽查检查的方式对各项安全措施的执行情况进行监督，确保安全措施得到有效执行。

（3）预案演练：定期进行紧急事件预案演练，检查预案的可行性和完整性，并对存在的问题进行改进和纠正。

（4）安全教育和培训：加强对赛事相关人员的安全教育和培训，提高他们的安全意识和应急处理能力，确保他们能够妥善处理紧急情况。

（5）投诉处理：及时处理投诉，并对投诉情况进行记录和分析，总结问题，加以改进。

（6）审核：定期对冰雪赛事安全管理的实施进行审核，发现问题并采取相应的纠正措施，确保安全管理体系的有效性和可持续性。

通过上述监督措施的实施，可以确保冰雪赛事安全管理的有效性和可持续性，为赛事的成功举办提供保障。

六、冰雪赛事评估与改进

（一）冰雪赛事的绩效评估

冰雪赛事绩效评估是对赛事效果和组织管理的定量和定性分析，以便更好地了解赛事运营的情况，为未来的冰雪赛事提供参考和改进。评估内容包括：

1. 观众参与度

衡量观众的参与度和赛事吸引力，包括观众人数、门票销售情况、观众满意度、社交媒体互动等。

2. 经济效益

包括赞助商收益、赛事直接和间接经济贡献、赛事品牌推广、旅游业发展等。

3. 运营管理

评估赛事组织和管理的效率和质量，包括赛事安保、人员管理、场馆设施、赛事流程、赛事宣传等。

4. 运动表现

评估运动员的表现和竞技水平，包括技术和战术、运动员表现、赛事记录和成绩等。

5. 社会效益

评估赛事对社会和环境的影响和贡献，包括对社区、教育、环保等的影响。

绩效评估可以通过问卷调查、数据分析、专家评价、赛事回顾会等多种方式来完成。评估结果可以为冰雪赛事组织者提供改进和提高赛事质量的建议，同时也为赞助商和投资者提供更有说服力的数据支持。

（二）冰雪赛事的反馈方式

冰雪赛事的反馈方式可以采用多种形式，例如：

1. 问卷调查

可以通过问卷调查了解观众和参与者对赛事的满意度、改进建议等方面的意见和建议，从而更好地改进赛事组织和管理。

2. 社交媒体

可以通过各种社交媒体平台，例如微博、微信、Facebook 等，搜集参与者和观众对赛事的反馈和意见，并及时回应和处理相关问题。

3. 实地考察

可以派遣专门的考察团队对赛事进行实地考察，深入了解赛事组织和管理中存在的问题和不足，及时进行改进和调整。

4. 会议和研讨会

可以组织相关会议和研讨会，邀请各方面专家和从业人员参加，共同讨论赛事组织和管理中存在的问题和改进方向，并提出具体的改进建议和措施。

通过以上反馈方式，可以有效地了解参与者和观众对赛事的意见和建议，及时发现和解决问题，进一步提高赛事的质量和水平。

（三）冰雪赛事管理的持续改进和发展

冰雪赛事管理是一个不断发展和改进的过程，随着社会、经济、科技和文化等方面的变化，赛事管理也需要不断地适应和创新。在持续改进和发展中，可以从以下几个方面进行思考。

1. 引入新技术

随着科技的不断发展，新技术的应用可以为赛事管理带来更高效、更安全和更智能的解决方案。例如，使用无人机和人工智能技术来监测比赛情况和观众安全，使用虚拟现实技术来提升观众体验等。

2. 推广新模式

冰雪赛事可以通过引入新的赛事模式和比赛形式，吸引更多观众和参与者。例如，在滑雪比赛中增加障碍物，或者引入新的滑雪项目，如大回转滑雪，来丰富比赛内容。

3. 提升可持续性

冰雪赛事需要更加注重可持续性和环保。赛事管理可以通过采用可再生能源、减少废弃物的产生和利用可回收材料等方式，为环保做出贡献。此外，还可以在赛事中引入社会公益活动，如植树造林、环境保护宣传等。

4.加强人才培养

冰雪赛事需要有专业的人才支持和服务。赛事管理可以通过建立人才培训和评价机制，吸引和培养更多的专业人才。同时，也可以鼓励和支持志愿者的参与和发展。

5.拓展市场和推广

冰雪赛事需要不断拓展市场，提高知名度和影响力。赛事管理可以通过与品牌合作、赞助商的支持、媒体宣传和社交媒体等多种方式，扩大赛事的知名度和影响力，·吸引更多的观众和参与者。

第三节　冰雪赛事相关企业介绍

冰雪运动产业作为一个日益兴盛的领域，吸引了众多企业投身其中，其中一些企业更是作为赛事的主办方参与到冰雪赛事的运营中。这些企业包含运动饮料企业、汽车制造企业、冰雪装备制造企业等。

一、Red Bull GmbH

红牛是一家源自奥地利的跨国能量饮料公司，同时也是一家活跃在体育、文化和娱乐领域的营销公司。该公司在冰雪领域推出了多项品牌赛事，这些赛事独特的风格和创新的赛道设计受到了广泛关注。其中，Red Bull Crashed Ice（红牛撞击冰面）是该公司主办的最具代表性的冰雪品牌赛事之一。该比赛起源于加拿大，每年在全球多个城市举办。比赛场地为冰面坡道，参赛者从顶部滑下，穿越坡道上的曲线、跳跃和陡峭坡面，并在终点区域完成比赛。Red Bull Crashed Ice 的比赛规则与速度滑冰类似，但更加刺激和惊险。此外，Red Bull Frozen Rush（红牛冰面越野赛）和 Red Bull Jump & Freeze（红牛跳跃冰面赛）也是该公司推出的两项冰雪品牌赛事。Red Bull Frozen Rush 是一项越野摩托车赛事，赛道为冰面和雪地，参赛车手需要在极限环境下驾驶摩托车完成比赛。

而 Red Bull Jump & Freeze 则是一项滑雪跳台赛事，参赛者需要在比赛中完成多项技巧动作和创意表演。通过这些冰雪品牌赛事，Red Bull GmbH 建立了自己独特的品牌形象和营销策略，吸引了大量年轻消费者和体育爱好者的关注和参与。

同时，Red Bull GmbH 还在冰雪领域推出了其他一些创新性的赛事和活动，如 Red Bull Nordix（红牛北欧滑雪）和 Red Bull Sledhammers（红牛雪橇大战）等。Red Bull Nordix 是一项结合了越野滑雪、滑雪跳台和冰壶等多个项目的比赛，旨在推广北欧运动文化。而 Red Bull Sledhammers 则是一项雪橇大战赛事，参赛者需要骑着雪橇在冰面上完成一系列技巧动作和比赛任务。

此外，Red Bull GmbH 还在冰雪领域推出了多项赛事的纪录片和直播活动，为观众提供了更加真实和直观的赛事体验。这些活动不仅扩大了 Red Bull GmbH 的品牌影响力，也为冰雪运动的推广和发展做出了积极的贡献。

二、奥迪

Audi AG 是一家总部位于德国的豪华汽车制造商，同时也在冰雪领域拥有多项品牌赛事。其中，Audi FIS Ski World Cup 是该公司最具代表性的冰雪品牌赛事之一。该比赛是由国际滑雪联合会主办的全球最高水平的高山滑雪比赛系列赛事之一，每年在全球范围内举办多站比赛和总决赛。作为该赛事的冠名赞助商，Audi AG 为比赛提供了大量资金支持，并通过赛事宣传和营销来推广自己的品牌形象。

此外，Audi AG 还主办了多项其他冰雪品牌赛事，如 Audi quattro Winter Games NZ（奥迪四驱冬季运动会）和 Audi Nines（奥迪九人滑雪大赛）等。Audi quattro Winter Games NZ 是在新西兰举办的一项综合性冰雪运动赛事，包括高山滑雪、自由式滑雪、越野滑雪和冰壶等多个项目。而 Audi Nines 是一项由顶尖滑雪运动员参加的滑雪自由式大赛，赛道设有多个创意障碍和高空跳台，要求参赛者展现出高超的滑雪技巧和创意表演。

通过这些冰雪品牌赛事，Audi AG 巩固了自己在豪华汽车行业的品牌地位，同时也为冰雪运动的发展和推广做出了贡献。

三、Burton Snowboards

Burton Snowboards 是一家总部位于美国的著名滑雪板制造商，也是冰雪领域主办多项品牌赛事的企业之一。其中，Burton US Open Snowboarding Championships 是该公司最具代表性的冰雪品牌赛事之一。该比赛始于 1982 年，是全球最具规模和历史的雪板比赛之一，每年吸引全球顶尖雪板运动员参赛，比赛包括半管、斜坡飞跃和滑雪板场地障碍赛等多个项目。

此外，Burton Snowboards 还主办了多项其他冰雪品牌赛事，如 Burton European Open Snowboarding Championships 和 Burton Rail Days 等。Burton European Open Snowboarding Championships 是一项由国际滑雪联合会认可的高水平滑雪板比赛，赛事包括斜坡飞跃、半管和滑雪板场地障碍赛等多个项目。而 Burton Rail Days 则是一项由世界各地滑雪板爱好者参加的栏杆比赛，比赛设置了多个创意的栏杆和平台，要求参赛者在上面完成技巧动作和表演。

通过这些冰雪品牌赛事，Burton Snowboards 建立了自己的品牌形象和声誉，为推广滑雪板运动做出了积极的贡献。

此外，Burton Snowboards 还举办了多项非比赛性质的活动，如 The Burton Mountain Festival（伯顿山地节）和 The Burton Girls Ride（伯顿女性滑雪板骑行），旨在吸引更多人参与到冰雪运动中来。

通过这些冰雪品牌赛事和活动，Burton Snowboards 扩大了自己在滑雪板行业的影响力和品牌形象，同时也为冰雪运动的推广做出了贡献。

思考练习

1. 目前世界主要冰雪赛事包括哪些？

2. 冰雪赛事的组织的基本原则是什么？

3. 请简述冰雪赛事评估的视角有几个方面？

冰雪赛事赋能白银冰雪经济

白银地处亚高原环境，有着适合发展冰雪运动的先天条件。近年来，白银抢抓国家冰雪运动"南展东进西扩"战略机遇，主动融入国家体育发展大局，建设"西扩"重要支点城市，以专业赛事为引领、以文化旅游为媒介、以全民参与为目标，大力发展冰雪运动、冰雪旅游、冰雪文化。

白银大力推进冰雪运动基础设施建设，高标准建成了包含冬季两项专业赛事区、运动员服务中心、室内训练中心等在内的白银国家雪上项目训练基地，打造成为集高山滑雪和越野滑雪为一体的竞技训练、比赛和群众冰雪运动场地，填补了当地高水平、高规格冰雪运动场地的空缺。依托该基地，当地还带动建设了一批群众滑雪滑冰设施。据统计，仅白银市区滑雪滑冰场地面积近40万平方米，极大满足了广大群众参与冰雪运动的需要。

白银还先后承办了全国冬季滑雪夏季滑轮锦标赛、2021—2022全国越野滑雪锦标赛、冠军赛以及本次赛事，全力支持和保障国家冬奥越野滑雪队和冬残奥越野滑雪队在白银集训，市县区成立了雪上项目及滑轮运动协会，全市冰雪运动发展氛围日渐浓厚，冰雪运动已经成为白银市民冬季热门项目之一。

瞄准冰雪运动，白银积极布局"冰雪＋赛事""冰雪＋教育""冰雪＋旅游"等"冰雪＋"多产业发展模式，谋划冰雪产业项目。2020年，白银入选首批国家体育消费试点城市。2023年，在冰雪赛事的助力下，白银文旅市场实现"开门红"。仅1月，全市累计接待游客116.52万人次，同比增长96.43%；实现旅游综合收入3.68亿元，同比增长100.78%。赛事期间，每天有近千人走进雪场体验冰雪运动，冰雪运动持续升温，首次实现了旅游"淡季不淡"的良好势头。

（案例资料来源：《甘肃日报》）

第四章
冰雪场馆资源

冰雪场馆是冰雪产业的基础设施，其发展直接影响到冰雪运动、冰雪旅游以及冰雪产业链的繁荣。高质量的冰雪场馆可以吸引更多的游客和运动爱好者，促进相关产业的发展。

第一节　冰雪场馆的类型与功能

冰雪场馆的分类标准可以根据多个维度进行划分，以下是一些常见的分类维度。

（一）场馆类型

根据场馆的主要功能和运动项目，可以将冰雪场馆分为以下几类。

1. 室内滑冰场

主要用于举办速滑、花样滑冰、冰球等活动的场所。

2. 滑雪场

主要用于举办滑雪、雪橇等活动的场所，通常包括初、中、高级滑雪道，雪橇道等设施。

3. 雪上运动中心

提供冬季两项、北欧两项、单板滑雪等多种雪上运动项目的综合性场馆。

4. 冰壶场

专门为冰壶运动设计的场馆，包括冰壶道、休息区等设施。

（二）场馆规模

根据场馆的规模和容量，可以将冰雪场馆分为以下几类。

1. 小型场馆

主要用于社区、学校等基层场所，规模较小，适合初学者和业余爱好者。

2. 中型场馆

通常位于城市或旅游景区，具有较完善的设施和服务，能满足不同层次运动员和游客的需求。

3. 大型场馆

具有国际或国家级比赛标准的场馆，可承办各类高水平赛事，同时为专业运动员提供训练场地。

（三）所属层次

根据场馆所属的行政区划和管理层次，可以将冰雪场馆分为以下几类。

1. 地方级场馆

由地方政府投资兴建，主要面向地方居民和游客，承担地方赛事和活动。

2. 国家级场馆

由国家相关部门投资兴建，具备承办国家级赛事的条件，通常为多个地区和国家的运动员提供训练场地。

3. 国际级场馆

具备承办国际级赛事的条件，通常由国家相关部门和国际体育组织共同投资兴建，具有较高的知名度和影响力。

（四）经营模式

根据场馆的经营模式和所有权，可以将冰雪场馆分为以下几类。

1. 政府投资兴建的公共场馆

主要由政府投资兴建和运营，通常面向公众提供免费或低价的冰雪运动服务，以普及冰雪运动和提高居民生活质量为主要目标。

2.商业化运营的场馆

这类场馆通常由企业或个人投资兴建和经营，以营利为主要目标。商业化运营的场馆通常提供更为丰富和高品质的服务，包括培训课程、比赛、体验活动等，以吸引更多的游客和运动爱好者。

3.社区型场馆

这类场馆主要服务于社区居民，通常规模较小，设施相对简单。社区型场馆旨在为居民提供便捷的冰雪运动场所，增强社区凝聚力和居民归属感。

4.校园型场馆

这类场馆位于学校或大学内，主要服务于师生，以推广冰雪运动教育和培养青少年运动人才为主要目标。

（五）场馆地理位置

根据场馆所处的地理环境和气候条件，可以将冰雪场馆分为以下几类。

1.高山滑雪场

位于高海拔地区，通常依赖于自然降雪，适合开展双板滑雪、单板滑雪等雪上运动项目。

2.平地滑冰场

位于平地地区，通常使用人工造雪设备，提供滑冰、冰球等冰上运动项目。

3.室内冰雪场馆

位于室内环境中，可以全年开放，适合从事滑冰、冰球、花样滑冰等冰上运动项目。

冰雪场馆的分类标准可以从场馆类型、规模、所属层次、经营模式和地理位置等维度进行划分。各类冰雪场馆在功能和服务上具有不同特点，旨在满足不同群体的需求和偏好。下面将根据"室内场馆"与"室外场馆"的分类方式介绍场馆的类型与功能。

一、室内冰雪场馆与功能

室内冰雪场馆是在封闭的室内环境中建造的，可以提供不受天气影响的冰雪运动场地。根据功能和用途，室内冰雪场馆可以分为以下类型。

1. 冰球场

冰球场是一种室内冰雪场馆类型，是专门为冰球运动而设计的场地。冰球场的场地面积通常在 1800—2000 平方米之间，场地标准尺寸为 61 米长、30 米宽。冰球场的冰面硬度和光滑度需要满足运动员的要求，同时还需要配置适当的设施，如冰球门、看台、更衣室、储藏室等。

2. 室内滑冰场

滑冰场是室内冰雪场馆中的一种类型，主要用于速度滑冰、花样滑冰、冰上曲棍球等运动。滑冰场的场地面积通常在 1500—1800 平方米之间，场地标准尺寸为 60 米长、30 米宽。滑冰场的冰面平整度和光滑度需要满足运动员的要求，同时还需要配备适当的设施，如音响、灯光、看台、更衣室等。

3. 冰壶场

冰壶场是室内冰雪场馆中的一种类型，主要用于冰壶运动。冰壶场的场地面积通常在 1200–1500 平方米之间，场地标准尺寸为 46 米长、5 米宽。冰壶场需要保证场地平整度和冰面光滑度，同时还需要配备适当的设施，如冰壶用具、标志杆、电子计分板、看台等。

4. 冰道

冰道是室内冰雪场馆中的一种类型，主要用于短道速滑和竞速滑冰运动。冰道的场地面积通常在 500—600 平方米之间，场地标准尺寸为 111.12 米长、6 米宽。冰道需要保证场地平整度和冰面光滑度，同时还需要配备适当的设施，如起跑线、障碍物、安全围栏、计时器等。

5. 冰漫步场

冰漫步场是室内冰雪场馆中的一种类型，主要用于冰上舞蹈和花样滑冰等舞蹈类运动。冰漫步场的场地面积通常在 600—800 平方米之间，场地标准尺寸为 60 米长、15 米宽。冰漫步场需要保证场地平整度和冰面光滑度，同时还需要配备适当的设施，如音响、灯光、镜子、椅子、更衣室等。

6. 冰壶滑道

冰壶滑道是室内冰雪场馆中的一种类型，主要用于冰壶运动。冰壶滑道的场地面积通常在 300—400 平方米之间，场地标准尺寸为 45 米长、5 米宽。与传统的冰壶场不同，冰壶滑道需要保证滑行速度快，营造出比较刺激的氛围。同时还需要配备适当的设施，如冰壶用具、障碍物、计分板、音响等。

7. 冰墙攀登场

冰墙攀登场是室内冰雪场馆中的一种新兴类型，主要用于攀冰运动。冰墙攀登场需要在室内搭建一个巨大的冰墙，高度通常在 10—20 米之间，宽度在 5—10 米之间。攀登墙面需要具备一定的冰墙攀登技能，同时还需要配备适当的安全设施，如安全绳、保护垫等。

8. 冰溜翔滑道

冰溜翔滑道是室内冰雪场馆中的一种新兴类型，主要用于滑板运动。冰溜翔滑道需要在室内搭建一个类似于滑板场的设施，滑道采用冰面材料，可供滑手进行各种滑板技巧的表演和比赛。

9. 冰上高尔夫球场

冰上高尔夫球场是室内冰雪场馆中的一种新兴类型，主要用于冰上高尔夫球运动。冰上高尔夫球场采用冰面材料，设置不同的球洞和障碍物，玩家需要使用特殊的球杆和球来进行比赛。

二、室外冰雪场馆与功能

室外冰雪场馆是在室外环境中建造的，可以提供不同类型的冰雪运动场地。根据功能和用途，室外冰雪场馆可以分为以下类型。

1. 室外滑冰场

室外滑冰场是一种常见的室外冰雪场馆类型，主要用于速度滑冰、花样滑冰等运动。滑冰场的场地面积和标准尺寸与室内滑冰场相似，但需要根据室外环境的温度、风向等因素进行合理的设计和管理。

2. 冰壶场

室外冰壶场是一种专门用于冰壶运动的场馆类型。冰壶场需要考虑室外环境因素对场地的影响，如温度、风向、阳光等，同时还需要配置适当的设施，如冰壶用具、标志杆、计分板等。

3. 冰球场

室外冰球场是一种常见的室外冰雪场馆类型，主要用于冰球运动。冰球场的场地面积和标准尺寸与室内冰球场相似，但需要考虑室外环境因素对场地的影响，如温度、风向、阳光等。

4. 雪上运动场

室外雪上运动场是一种用于雪上运动的场馆类型，如滑雪、滑板、雪上摩托等。雪上运动场需要考虑室外环境因素对场地的影响，如降雪量、温度、风向等，同时还需要配备适当的设施，如雪道、雪具、维护设备等。

5. 冰道

室外冰道是一种用于短道速滑和竞速滑冰运动的场馆类型。室外冰道的场地面积和标准尺寸与室内冰道相似，但需要考虑室外环境因素对场地的影响，如温度、风向等。

6. 冰壶滑道

室外冰壶滑道是一种专门用于冰壶运动的场馆类型。室外冰壶滑道需要考虑室外环境因素对场地的影响，如温度、风向等，同时还需要配备适当的设施，如冰壶用具、标志杆、计分板等。

7. 雪上高尔夫球场

雪上高尔夫球场是一种在雪地上进行高尔夫球运动的场馆类型。这种场馆需要在雪地上设置不同的球洞和障碍物，玩家需要使用特殊的球杆和球来进行比赛。雪上高尔夫球场需要考虑室外环境因素对场地的影响，如降雪量、温度、风向等。

室外冰雪场馆的类型和功能与室内冰雪场馆有很大的差异，需要考虑更多的室外环境因素，并配备适当的设施和维护设备，以满足不同类型的冰雪运动需求。

第二节　冰雪场馆的设备与维护

冰雪场馆作为冰雪运动发展的重要基础设施，其设备配置和维护管理对于确保运动员的安全和提高运动表现至关重要。通过了解冰雪场馆设备与维护的关键知识，有助于场馆管理者和运动员更好地利用这些设施，为冰雪运动的普及和发展奠定坚实基础。

一、冰雪场馆设备介绍

（一）冰上运动场地的设备介绍

1. 冰面制冷设备

冰面制冷设备是冰上运动场馆中最重要的设备，主要包括压缩式制冰机、冷凝器、冷水泵、制冰水槽等。制冰机将水加工成冰，同时通过冷水泵将冰水输送到制冰水槽，最终将冰块装满冰面。冷凝器则起到冷却和冷凝的作用。这些设备需要配备先进的自动化控制系统，以保证冰面的质量和稳定性。

2. 冰面维护设备

冰面维护设备主要包括冰面平整机、清雪机、冰面修补机等。这些设备需要在比赛或训练之前对冰面进行处理，保证冰面的平整度、光滑度和硬度。同时，在比赛或训练过程中，这些设备也需要及时处理冰面上的雪或冰块，以确保运动员的安全和比赛的公正性。

3. 冰上运动设备

根据不同的冰上运动类型，需要配备相应的运动设备，如冰球门、冰壶、冰壶杆、滑板等。这些设备需要符合国际规定和标准，同时需要具有良好的安全性能，以保证运动员的安全和比赛的公正性。

4. 计时、记分设备

计时、记分设备是比赛中必不可少的设备，主要包括电子计时器、计分板等。这些设备需要具有高精度和可靠性，并能够满足不同比赛项目的计时和记分要求，以确保比赛结果的准确性和公正性。

5. 观众设施

观众设施包括看台、座椅、观赛区等设施，以及相应的安全设备和服务设施，如紧急出口、医疗设备、卫生间等。这些设施需要满足国家相关标准和规定，提供舒适、安全的观赛环境，同时也需要考虑到残障观众和老年观众的特殊需求。

6. 更衣室、休息室设施

更衣室、休息室、淋浴、厕所等设施是运动员和工作人员进行换衣、休息和洗浴的必要场所。这些设施需要满足舒适、卫生、安全等要求，同时也需要考虑到不同性别、年龄和文化背景的需求。

7. 照明、音响设备

照明、音响设备是冰上运动场馆必不可少的设备，主要用于提供足够的照明和音响效果。照明设备需要提供适当的照明强度和照明角度，以确保运动员和观众的视觉效果。音响设备需要提供高质量的音效，以满足比赛和表演的需要。

8. 环保设备

环保设备是冰上运动场馆必须配备的设备，主要包括能源回收装置、污水处理设备等。这些设备能够有效地减少能源消耗和环境污染，保护生态环境，同时也能够降低场馆的运营成本。

冰上运动场馆设备是保证比赛和训练顺利进行的重要基础设施，需要根据不同类型的场馆和运动需求进行合理的设计和配置。在设备的选型、安装和维护过程中，需要遵循相关的国家和行业标准和规定，确保设备的质量、安全和稳定性，提供最优质的运动体验和观赛体验。

（二）雪上运动场地设备

1. 雪面制造设备

雪面制造设备是雪上运动场地最核心的设备之一，主要包括制雪机、造雪塔、制冰机等。制雪机可将压缩空气、水和空气混合后通过喷嘴喷洒到低温环境中，形成雪花并逐渐堆积，从而制造雪面。造雪塔则可将雾气喷出，通过温度差形成雪花，并使其逐渐堆积。制冰机则主要用于在雪上运动场地中制造薄冰面，为滑冰和冰球等运动项目提供基础。

2. 雪面维护设备

雪面维护设备主要包括平整机、清雪机、雪壶杆等，用于维护雪面的平整度、光滑度和硬度，以确保运动员的安全和比赛的公正性。平整机主要用于平整雪面，清雪机则主要用于清除雪面上的积雪和雪块，雪壶杆则主要用于为冰壶运动员提供比赛标志。

3. 运动设备

不同的雪上运动项目需要不同的运动设备，例如滑雪板、滑雪杆、滑雪镜等。这些设备需要根据不同的运动项目和水平进行合理的选购和配置，以保证运动员的安全和比赛的公正性。

4. 安全设备

安全设备包括头盔、护具、安全网、护栏等，用于保护运动员的安全和减少意外事故的发生。不同的雪上运动项目需要不同的安全设备，例如滑雪运动员需要戴头盔和护具，冰壶运动员则需要在场地周围设置安全护栏和安全网等。

5. 观众设施

观众设施包括看台、座椅、观赛区等设施，以及相应的安全设备和服务设施，如紧急出口、医疗设备、卫生间等。这些设施需要满足国家相关标准和规定，提供舒适、安全的观赛环境。

6. 更衣室、休息室设施

更衣室、休息室、淋浴、厕所等设施是运动员和工作人员进行换衣、休息和洗浴的必要场所。这些设施需要满足舒适、卫生、安全等要求，同时也需要考虑到不同性别、年龄和文化背景的需求。

7. 照明、音响设备

照明、音响设备是雪上运动场地必不可少的设备，主要用于提供足够的照明和音响效果。照明设备需要提供适当的照明强度和照明角度，以确保运动员和观众的视觉效果。音响设备需要提供高质量的音效，以满足比赛和表演的需要。

8.环保设备

环保设备是雪上运动场地必须配备的设备，主要包括能源回收装置、污水处理设备等。能源回收装置可以回收场地运营过程中产生的废热、废气等能源，用于供热或照明等。污水处理设备可以对场地产生的污水进行处理，使之符合环保要求，保护生态环境。

雪上运动场地设备需要根据不同的运动项目和场地特点进行选购和配置，同时也需要定期进行检查和维护，以确保设备的正常运行和运动员的安全。

二、冰雪设备日常维护

（一）清洁保养

冰雪设备在使用过程中会产生一些灰尘、油污和水垢等，如果不及时清理和保养，就会影响设备的运行效率和寿命。清洁保养包括对设备表面、内部及周边环境的清洁、消毒、除尘和去污等工作，可以使用专业的清洁工具和清洁剂，确保设备始终保持清洁、整洁的状态。

（二）润滑维护

冰雪设备中的滑轮、轴承、齿轮等部件需要定期进行润滑，以保证设备的运行顺畅和寿命。润滑维护可以使用专门的润滑剂或油脂，注意润滑量的大小和频率，避免过量或不足。润滑维护还需要注意清洁和更换润滑油，确保设备始终处于最佳状态。

（三）电气维护

冰雪设备中的电气部件是设备正常运行的重要组成部分，需要定期进行检查和维护，以确保电气设备的安全和稳定。电气维护包括检查电线、插头、开关等部件的接线是否正确，检查电气设备的绝缘情况是否良好，检查电气设备的热情况是否正常等。老化的电气部件需要及时更换，以保证设备的电气性能。

（四）磨损更换

冰雪设备中的零部件在使用过程中会逐渐磨损和老化，如果不及时更换，就会影响设备的使用寿命和性能。定期检查设备的磨损情况，如发现磨损比较严重的部件，及时更换新的，以确保设备始终处于最佳状态。

（五）安全检查

冰雪设备的安全性是设备运行的重要保障，需要定期进行安全检查，以确保设备的安全运行。安全检查包括检查设备的安全设备是否齐全，如紧急停机按钮、安全护栏等，检查设备的结构是否稳定，防止出现意外伤害。

（六）环境保护

冰雪设备的使用会对环境产生一定的影响，需要对设备产生的废水、废气等进行治理，以保护环境和生态。环境保护包括对设备的废水进行处理和过滤，避免对环境造成污染；对设备产生的废气进行治理和过滤，防止对空气造成污染；对设备周边的环境进行整治和清理，保持环境卫生和整洁。

（七）常规保养

冰雪设备的常规保养工作包括更换滤网、清洗冷凝器、检查传感器、调整仪表等，可以延长设备的使用寿命和保证设备的运行效率和精度。常规保养需要按照设备的使用说明书进行操作，注意安全和细节，确保设备的稳定运行和安全性能。

冰雪设备的日常维护工作涉及清洁保养、润滑维护、电气维护、磨损更换、安全检查、环境保护和常规保养等多个方面。这些维护工作需要定期进行，保证设备始终处于最佳状态，以提供最佳的运动体验和观赏效果，并确保设备的使用寿命和稳定性。

第三节　冰雪场馆的经营与管理

随着冰雪运动逐渐成为全球热门的体育项目，冰雪场馆的经营与管理也成为关注焦点。一个成功的冰雪场馆不仅需要先进的设施和设备，还需要精细的经营策略和高效的管理水平。

一、冰雪场馆的营销

冰雪场馆营销是指通过一系列策略和方法来推广冰雪场馆,以吸引顾客、提高知名度和创造收入。4P 营销理论(Product、Price、Place、Promotion)是一种广泛应用于营销领域的方法,我们可以用 4P 理论来分析冰雪场馆营销,制定针对性的营销策略,提升品牌形象和市场份额。

(一)产品(Product)

冰雪场馆的产品包括设施、服务和体验。例如,滑雪道、滑冰场、雪橇道等设施,以及滑雪教练、雪具租赁、雪上活动等服务。提供高品质、多样化的产品和服务,满足不同层次和年龄段顾客的需求,是冰雪场馆营销的基础。

1. 项目产品

提供多样化的滑雪道、滑冰场、雪橇道等,以满足初学者、中级和高级滑雪爱好者的需求。同时,考虑增加雪地摩托、雪地漫步等新颖项目,吸引更多游客。

2. 服务产品

提供专业滑雪教练、滑冰教练,为游客提供高质量的培训课程。提供雪具租赁服务,方便游客体验冰雪运动。考虑增设儿童乐园、老人休闲区等,照顾到不同年龄段顾客的需求。

3. 体验产品

提供优质的餐饮服务,包括特色餐厅和快餐区,满足不同口味的需求。举办各种文化活动和表演,丰富游客的娱乐体验。

(二)价格(Price)

价格策略直接影响到冰雪场馆的吸引力和盈利能力。场馆可以通过合理定价、优惠政策和套餐设计来吸引不同消费水平的顾客。例如,提供团体折扣、学生优惠、家庭套餐等,以适应市场需求和竞争态势。

1. 定价策略

研究市场和竞争对手,制定合理的价格策略。同时,考虑高峰期和淡季的价格波动，以平衡场馆的利润和游客的承受能力。

2.优惠政策

提供团体折扣、学生优惠、老年优惠等，以吸引更多人群。在特定节日或活动期间推出限时优惠，刺激游客消费。

3.套餐设计

设计不同类型的套餐，包括单日滑雪、周末滑雪、度假套餐等，以满足不同需求的游客。

（三）渠道（Place）

冰雪场馆的渠道策略是指场馆通过多种渠道吸引目标客户，提高知名度和客流量。有效的渠道策略可以帮助冰雪场馆扩大市场份额，提高经营效益。

1.线上渠道

（1）官方网站：建立并维护一个具有专业性和吸引力的官方网站，发布场馆信息、活动预告、票务信息等，增强场馆品牌形象。

（2）媒体：利用微博、微信、抖音等社交媒体平台，发布有关冰雪场馆的资讯、活动、优惠信息，与粉丝互动，扩大知名度。

（3）伙伴：与旅行社、OTA（在线旅行社）等合作伙伴建立合作关系，扩大冰雪场馆的线上推广渠道，吸引更多游客。

2.线下渠道

（1）体验活动：举办免费或低价的体验活动，吸引潜在客户到场馆亲身体验冰雪运动的魅力，提高转化率。

（2）合作：承办或赞助各类冰雪赛事，提高场馆知名度，同时吸引运动员、观众和媒体关注。

（3）学校合作：与学校建立合作关系，开展冰雪运动教育和培训项目，培养青少年运动人才，同时为场馆带来稳定的客源。

（4）商业合作：与周边酒店、餐饮、交通等产业合作，提供优惠套餐或联合推广活动，吸引更多游客。

3. 公关合作

（1）媒体合作：与各类媒体合作，邀请媒体参观报道场馆，提高场馆在公众心中的知名度和美誉度。

（2）KOL合作：邀请行业内知名人士或意见领袖（KOL）体验场馆并分享心得，借助其影响力吸引更多关注和客流。

4. 品牌合作

（1）跨界合作：与非冰雪产业的品牌进行合作，如时尚、美食等，共同举办活动或推出联名产品，提升场馆品牌形象和知名度。

（2）体育品牌合作：与知名体育品牌合作，为场馆提供专业装备和技术支持，同时借助品牌影响力扩大宣传范围。

（四）推广（Promotion）

推广策略是冰雪场馆营销的核心部分，通过广告、公关、活动等多种手段提高知名度和吸引顾客。例如，运用社交媒体、户外广告、合作伙伴关系等宣传冰雪场馆，同时举办赛事、主题活动、文化演出等吸引游客。此外，与旅游公司、度假村、酒店等合作，提供优惠套餐和联票政策，可以进一步扩大推广效果。

1. 广告宣传

利用社交媒体、户外广告、网络广告等多种渠道进行品牌宣传，提高冰雪场馆的知名度。投资制作精美的宣传册、海报、视频等，展示场馆的特色和优势。

2. 公关活动

加强与新闻媒体、行业协会、政府部门等的合作，举办新闻发布会、参加行业展览、争取政府支持等，提高场馆的公共形象。

3. 赛事与活动

举办滑雪比赛、滑冰表演、雪地音乐节等各类赛事和活动，吸引游客前来参与。与企业合作，举办企业团建活动，提高企业员工的团队凝聚力。

4. 合作伙伴关系

与旅游公司、度假村、酒店等建立合作伙伴关系，提供优惠套餐和联票政策，扩大推广效果。与著名滑雪运动员、明星签约，邀请他们成为场馆的代言人，提高场馆的影响力。

5. 客户关系管理

建立客户数据库，定期发送电子邮件、短信、社交媒体消息等，通知客户最新的优惠活动、赛事信息。设置会员制度，提供积分兑换、会员专享优惠等，提高客户忠诚度。

6. 口碑营销

通过提供优质的服务和体验，鼓励满意的顾客分享他们的感受和故事，为冰雪场馆创造正面的口碑效应。同时，关注客户反馈，及时改进服务和设施，提高客户满意度。

二、冰雪场馆的客户服务

冰雪场馆的客户服务是关键的一环，它涉及为游客提供方便、舒适和愉快的体验。以下是冰雪场馆客户服务的几个重要方面。

（一）前期咨询

提供详细的咨询服务，包括电话、邮件和在线客服，以解答游客关于冰雪场馆的疑问，如门票价格、活动安排、设施介绍等。

（二）迎宾服务

设立明显的接待处，为游客提供热情的迎宾服务，引导游客办理入场手续、提供场馆地图和活动指南等。

（三）雪具租赁服务

提供滑雪板、滑雪靴、滑冰鞋等雪具租赁服务，确保设备质量、数量充足，方便游客快速租借，并提供储物柜，方便游客寄存个人物品。

（四）教练服务

提供专业的滑雪、滑冰教练，为初学者和提高者提供一对一或团体教学服务。教练应具备良好的沟通技巧，能够根据游客的需求和水平进行针对性的指导。

（五）安全服务

确保场馆的设施安全，定期进行检查和维护。提供安全指南和培训，教授游客如何正确使用雪具和遵守安全规则。设置急救站和专职急救人员，以应对可能发生的意外事故。

（六）餐饮服务

提供多样化的餐饮选择，包括特色餐厅、快餐区、咖啡厅等。注重食品安全和口味，满足不同口味和需求的游客。

（七）清洁服务

保持场馆的整洁卫生，包括公共区域、餐饮区、洗手间等。设立足够数量的垃圾桶，鼓励游客爱护环境。

（八）娱乐活动

举办各种娱乐活动，如滑雪比赛、滑冰表演、雪地音乐节等，为游客提供丰富的娱乐体验。

（九）儿童服务

设立儿童游乐区，提供适合儿童的游乐设施和亲子活动。提供儿童滑雪、滑冰教学服务。

三、冰雪场馆的安全管理

冰雪场馆的安全管理是确保游客和员工安全的重要组成部分。以下是冰雪场馆安全管理内容的详细解释。

（一）制定安全规章制度

1.制定详细的场馆安全规章制度，包括场馆设施使用规定、滑雪滑冰行为规范等。

2.对员工进行安全规章制度培训，确保每位员工都了解并遵守相关规定。

（二）设施安全检查与维护

1. 对滑雪道、滑冰场、雪橇道等设施定期进行检查，确保其安全、稳定。

2. 对租赁的滑雪板、滑冰鞋等雪具定期进行维护和更换，确保设备安全可靠。

（三）安全培训与教育

1. 为游客提供安全使用雪具的培训，包括正确穿戴雪具、遵守滑雪滑冰规则等。

2. 对员工进行定期的安全培训，提升他们的安全意识和应对突发事件的能力。

（四）应急预案与救援准备

1. 制定针对不同类型突发事件（如意外伤害、恶劣天气等）的应急预案。

2. 配备专业的急救人员和救援设备，如担架、急救包、雪地车等，随时待命。

（五）安全标识与警示

1. 在场馆内设置明显的安全标识，如警示牌、指示牌等，引导游客遵守安全规定。

2. 对于危险区域和不适合初学者的滑雪道，设置醒目的警示标志和围栏。

（六）安全巡查与监控

1. 安排专人进行场馆内的安全巡查，及时发现并处理安全隐患。

2. 利用监控摄像头，对场馆内的重要区域进行实时监控，确保安全。

（七）人员疏散与疫情防控

1. 制定人员疏散预案，对员工进行疏散演练，提高他们应对突发事件的能力。

2. 遵循疫情防控政策，对场馆内的人员密度进行控制，确保游客和员工的健康安全。

（八）营救队伍与合作

1. 组建专业的营救队伍，进行高效的搜救和救助工作。

2. 与周边医疗机构、消防部门、救援队等建立紧密的合作关系，以便在紧急情况下迅速救援。

（九）滑雪道和滑冰场的分类与管理

1. 根据游客的技能水平，将滑雪道和滑冰场分为初级、中级和高级等不同难度等级，确保游客在适合自己水平的区域活动。

2. 在高难度滑雪道或滑冰场设立警示标识，以提醒初学者避免进入。

（十）雪场与气象信息

1. 关注天气预报和雪场状况，及时更新场馆内的气象信息。

2. 在恶劣天气条件下，及时关闭部分或全部滑雪道和滑冰场，以确保游客安全。

（十一）员工防护与操作规范

1. 为员工提供必要的防护装备，如头盔、护目镜、防寒手套等，确保员工在工作中的安全。

2. 培训员工遵循操作规范，如机械设备操作、人员疏散等，以降低安全风险。

（十二）食品安全与卫生管理

1. 严格监控餐饮服务的食品安全与卫生状况，确保游客食品安全。

2. 对场馆内的公共卫生设施进行定期清洁和消毒，保持环境卫生。

冰雪场馆可以加强对安全管理的重视，实施有效措施，提高游客和员工的安全水平。

四、冰雪场馆的环保与可持续发展

冰雪场馆的环保与可持续发展是在保护环境的前提下，实现经济效益和环境效益的双赢。以下是冰雪场馆环保与可持续发展内容的详细解释。

（一）能源管理

1. 采用节能型设备，如 LED 照明、高效制冷设备等，降低能耗。

2. 利用可再生能源，如太阳能、风能等，减少对化石燃料的依赖。

（二）水资源管理

1. 采用节水型设备，如节水马桶、节水龙头等，降低水资源消耗。

2. 利用雨水收集和再利用系统，将收集到的雨水用于景观绿化、冰雪制造等。

（三）废弃物管理

1. 加强垃圾分类和回收，提高资源利用率。

2. 对有害废物进行专业处理，防止环境污染。

（四）生态保护与恢复

1. 保护周边自然生态系统，避免破坏植被、动植物栖息地等。

2. 实施植被恢复计划，对于建设过程中受到破坏的区域进行植被恢复。

（五）绿色建筑与设计

1. 采用绿色建筑材料和建筑设计，降低建筑对环境的影响。

2. 利用绿色屋顶、绿色墙面等，提高建筑的节能性能和美观度。

（六）绿色交通

1. 鼓励游客和员工使用公共交通、骑行或步行等低碳出行方式。

2. 提供电动车充电设施，鼓励游客和员工使用电动车出行。

（七）环境教育与倡导

1. 在场馆内设置环保宣传展示区，提高游客和员工的环保意识。

2. 举办环保活动，如环保知识讲座、公益植树活动等，倡导绿色生活。

（八）局部人工雪的合理利用

1. 有节制地进行人工降雪，避免过度消耗水资源和能源。

2. 优化雪场设计，提高人工雪的利用率和效果。

（九）合作与减排

1. 与供应商、合作伙伴共同致力于环保，要求他们遵循绿色供应链原则，减少碳排放和资源浪费。

2. 参与国际和地区的减排计划，积极履行企业社会责任。

（十）低碳餐饮

1. 提倡本地食材和绿色餐饮，减少碳足迹。

2. 减少一次性餐具的使用，鼓励游客使用可重复使用的餐具。

（十一）可持续发展战略

1. 将环保和可持续发展作为场馆发展的核心战略，确保长期经营不损害环境。

2. 定期评估场馆对环境的影响，根据评估结果调整和优化环保措施。

（十二）环境监测与管理

1. 对场馆周边的空气质量、水质、噪声等环境指标进行监测，确保场馆运营符合环保要求。

2. 根据监测结果，采取有效措施减少对环境的负面影响。

冰雪场馆可以在保护环境的前提下实现可持续发展，为游客创造一个绿色、舒适的冰雪体验。

思考练习

1. 请简单介绍冰雪场馆的种类与功能。

2. 冰雪场馆的服务类型有哪些？

3. 请论述冰雪场馆的安全管理包括哪几个方面？

案例分析

"体育 + 科技"融合创新，构建"元体育"新消费体验场景

荷花池国际商贸城紧紧围绕"都市文旅"重点产业链，成功招引非寻科技冰雪体育公园项目落地，打造"元体育"新消费体验场景。项目由非寻科技德国有限公司（以下简称："非寻科技"）投资打造，非寻科技成立于 2016 年，总

部位于香港，是一家集技术开发、策划咨询于一体的互动新媒体产业服务提供商。2022年3月，企业注册项目公司——四川全季体育产业发展有限公司，总投资额5100万美元，注册资本1700万美元。

一是聚焦强链补链，加快产业生态构建。荷花池国际商贸城结合成都市"十四五"世界文创名城建设规划与成都蓉北商圈产业发展规划，围绕"都市文旅"重点产业链，抢占"元宇宙＋文旅"新消费赛道，积极引进非寻科技投资非寻科技冰雪体育公园项目。项目选址炎华置信花千集负一楼约6000平方米载体（其中运动健身馆3160平方米、黑科技体验馆400平方米、展示销售馆870平方米、休闲娱乐馆800平方米）打造以冰雪赛事为主，以室内高尔夫球、保龄球及射箭运动为辅，并结合诸多如滑雪、击打、人机互动等黑科技体验的冰雪体育公园。该项目由国家体育总局和中国冰雪赛事主委会认证，将定期举办国家级赛事，每月举办省、市级赛事，结合专业及业余培训，助力成都市市民冰雪运动的推广和发展。

二是强化协同联动，助力项目招引落地。前期，荷花池国际商贸城深入研判企业背景、项目内容，设立招商专班根据企业需求一对一定制匹配对策，提供全方位、全周期、全流程的"保姆式"服务，加速项目签约注册，通过多方联动统筹协调，共同推动该项目取得总公司授权并下设3家子公司。目前，该项目已被成功认定为市级高能级总部型项目。

三是响应全民健身，助力"赛城融合"。聚焦"全民健身"，积极响应践行二十大号召，促进群众体育和竞技体育全面发展，加快建设体育强国。项目加强与省、市专业队、各级院校开展冰雪、射击、射箭等专业人才的共建共享，并着力申办和承办体育、教育、工会、大体联等部门的冰雪相关培训和各级赛事，加强竞技体育建设发展，为成都市建设赛事名城提速赋能。项目以"三个积极"为重要抓手，积极开展"冰雪七进"活动，积极开展智慧体育公园、智慧体育场馆、智慧全民健身等新型业务，积极做好"全民健身日"惠民体育服务，多元化满足老百姓健身需求，蓬勃开展群众体育。

四是做强产业支撑，加快聚链成群。围绕产业建圈强链行动，顺利引进

"都市文旅"链属企业非寻科技。项目进一步延伸金牛都市文旅产业链条，做强产业支撑，促进体育、文化、旅游融合发展。同时依托凤凰山体育公园、成都露天音乐公园等资源禀赋，进一步吸引都市文旅产业链上下游企业入驻，目前已聚集万馆体育、分贝音乐等行业企业，充分发挥体育消费的引流、提升作用，加大力度打造文体旅新业态、新场景、新产品，全力构筑旅游"体育+"产业集群。

荷花池国际商贸城压实责任，联动多方力量形成合力，成功招引落地市级高能级总部型项目——非寻科技冰雪体育公园，用全新的数字运动体验场景为消费者带来全新的运动体验，进一步补充延展都市文旅产业链条，推动区域构建高水平的全民健身公共服务体系，营造全季覆盖、全民参与、全民共享的城市体育文化氛围，满足从少年儿童到青壮年、老年人全年龄段运动休闲需求。2023年，大运会即将拉开帷幕，借助成都市"大运之城"的品牌影响和地域资源禀赋优势，荷花池国际商贸城将继续发力都市文旅产业赛道，着力打造体育文化旅游带建设和文旅产业发展的引爆点，助力金牛天府旅游名县创建。

（案例资料来源：每日经济新闻）

第五章
冰雪设施设备市场

冰雪运动设施设备市场包括各种冰雪运动相关的设施、器材和配套产品。主要包括滑雪道、雪橇道、越野滑雪道、冰壶道等冰雪运动场地的建设、维护和管理。随着全球冰雪运动的普及和发展，冰雪设施设备市场需求不断增长，成为一个充满商机的产业领域。冰雪运动设施设备市场的发展受到多种因素的影响，如气候变化、政策支持、经济发展、人们对冰雪运动的认知和需求等。为了进一步推动冰雪运动设施设备市场的发展，政府、企业和行业组织正加强合作，推动技术创新、产品升级，提高服务质量，满足不断增长的市场需求。

第一节　滑雪设施设备分类及介绍

滑雪设施设备涉及滑雪运动的方方面面，为了提高滑雪场的吸引力和竞争力，滑雪场经营者需要不断投入资源，更新和升级设施设备，以满足滑雪爱好者不断增长的需求。了解滑雪设施设备有助于企业了解市场动态和技术创新，引进更先进的滑雪设备和设施，将有助于滑雪场进一步提升服务水平和市场地位。

一、冰雪设施设备分类

冰雪设施设备可以按照不同的分类方式进行划分，下面是几种常见的分类方式。

（一）按照设施类型分类

根据设施类型的不同，可以将冰雪设施设备分为室外雪场设施设备、室内冰雪设施设备、滑雪度假区设施设备等。

（二）按照设备用途分类

根据设备的不同用途，可以将冰雪设施设备分为雪场设施设备（如雪炮、雪车、人造雪系统、缆车等）、安全设备（如救援雪橇、安全围栏、雪崩预警系统等）、配套设施设备（如餐厅、宾馆、咖啡厅等）等。

（三）按照设备制造材料分类

根据设备的制造材料不同，可以将冰雪设施设备分为金属材料制造的设备（如缆车、升降机等）、塑料材料制造的设备（如雪道边界标识、雪橇等）、纤维材料制造的设备（如雪道网、雪场护栏等）等。

（四）按照设备规模分类

根据设备的规模大小，可以将冰雪设施设备分为大型设备（如缆车、升降机、大型雪炮等）、中型设备（如中型雪炮、中型雪车、中型人造雪系统等）、小型设备（如小型雪车、小型人造雪系统、雪橇等）等。

（五）按照设备品牌分类

根据设备品牌的不同，可以将冰雪设施设备分为国际品牌设备（如 Leitner、Doppelmayr、TechnoAlpin 等）、本土品牌设备（如永久跃升、三星重工、巨人集团等）等。

以上是一些常见的冰雪设施设备分类方式，不同的分类方式有助于我们更好地了解冰雪设施设备的特点和应用场景。

二、冰雪设施设备介绍

下面我们按照室外雪场设备、室内冰雪场地设备、救援与安全设备、雪场配套设施设备进行详细介绍。

（一）室外雪场设备

包括雪炮、雪车、滑雪道维护设备、升降机、缆车等。

1.雪炮（人工造雪机）

雪炮是一种用于人工制造降雪的设备，通过喷射水雾和压缩空气在低温环境中形成雪花。雪炮主要用于滑雪场在自然降雪不足时，确保滑雪道具备良好的雪质。常见的雪炮类型有风扇雪炮和喷枪雪炮。

2.雪车（雪地车）

雪车是一种专门用于雪道平整、修复和维护的重型设备。通常配备有强大的引擎、履带驱动系统以及多功能的前铲和后刀，可以在各种雪道条件下进行作业。主要品牌有 PistenBully、Prinoth 等。

3.滑雪道维护设备

滑雪道维护设备包括用于清理、修整、打磨和压实雪道表面的各类工具。例如，滑雪道刷子、铲子、打磨机和压雪器等。这些设备的使用有助于保持滑雪道的平整度，提高滑雪者的安全性和舒适度。

4.升降机（吊椅）

升降机是将滑雪者从山脚带到山顶的设备。主要有以下几种类型。

（1）单人或双人吊椅：适用于运载较少人数，主要用于小型滑雪场或初学者雪道。

（2）四人或六人吊椅：适用于较大型滑雪场，能快速运送更多滑雪者。

（3）轰天炮（T-bar）：一种 T 型吊杆，适用于短距离的滑雪道。

（4）魔毯（移动步道）：适用于初学者和儿童区，通常用于平缓的雪道。

5.缆车（索道）

缆车是将滑雪者从一个地点运送到另一个地点的主要交通工具，通常用于大型滑雪度假村。根据乘客数量和运输距离，缆车可以分为：

（1）吊篮式缆车：乘客站在吊篮内，适用于中短距离运输。

（2）客车式缆车：乘客坐在封闭式客车内，适用于较长距离运输。这种缆车可以在恶劣天气条件下运行，提供舒适的乘车体验。

（3）缆道：缆道通过水平或斜拉的钢索将乘客从低处拉到高处，适用于崎岖地形和高海拔地区。

（4）轻型缆车：轻型缆车适用于中低运输量的滑雪场，通常以较低的速度运行，以确保滑雪者的安全和舒适。

6. 地毯式升降机

地毯式升降机是一种平缓的传送带系统，将滑雪者从山脚带到山顶。这种设备适用于初学者和儿童滑雪区，因为它的运行速度较慢，使用起来更加安全和简便。

雪场设备是滑雪场正常运营的重要组成部分，包括雪炮、雪车、滑雪道维护设备、升降机、缆车等。这些设备的使用和维护直接影响滑雪场的运行质量和滑雪者的体验。因此，雪场设备的选购、安装和管理至关重要。

图 5-1　雪炮

图 5-2　压雪机

图 5-3　魔毯

（二）室内冰雪场地设施

包括人工滑雪道、冰壁攀爬、室内滑雪场等。

室内冰雪设施为爱好者提供了在非自然环境下进行冰雪运动的场所。这些设施在气候条件不允许进行冰雪运动的地区以及全年任何季节都想体验冰雪运动的人们中非常受欢迎。以下是一些常见的室内冰雪设施。

1. 人工滑雪道

室内人工滑雪道是在室内环境中建造的滑雪道，利用制冷设备和人工造雪技术制造雪层。这种滑雪道通常分为初级、中级和高级滑道，以满足不同水平滑雪者的需求。由于室内滑雪道受限于空间和造价，长度和坡度通常较短和较缓，更适合初学者练习。

2. 冰壁攀爬

室内冰壁攀爬设施是在室内环境中模拟冰川和冰瀑的攀爬场景。利用制冷技术在特制的攀爬墙上结冰，攀爬者使用专业的冰爪、冰锤等装备进行攀爬。这种设施适用于冰壁攀爬爱好者和专业运动员进行技能训练和体验。

3. 室内滑雪场

室内滑雪场是一个覆盖雪层的室内运动场地，可以进行多种冰雪运动。除了滑雪之外，室内滑雪场还可以进行雪上摩托、雪地自行车等冰雪运动。室内滑雪场通常设有休息区、租赁区和教练服务，以满足滑雪者的各种需求。

4. 室内溜冰场

室内溜冰场是一个用于进行冰上运动的室内场地。通常包括一个或多个标准尺寸的溜冰场地，可以进行速滑、花样滑冰、冰球等冰上运动。室内溜冰场设有租赁溜冰鞋、教练服务和观众休息区等配套设施。

5. 室内冰雪游乐园

室内冰雪游乐园是一个以冰雪为主题的娱乐场所，适合家庭和孩子们进行冰雪体验。这些游乐园通常包括冰雕展览、冰滑梯、雪地迷宫、雪球战区等多种冰雪游乐项目。部分游乐园还设有室内雪地滑梯和雪橇道，让游客体验雪橇运动的乐趣。

6. 室内雪橇与雪车赛道

室内雪橇与雪车赛道为爱好者提供了一个在室内环境中体验雪橇运动的场

所。这些设施通常采用冰面或人造材料制作的曲线赛道，模拟了真实雪橇赛道的体验。室内雪橇与雪车赛道适用于雪橇爱好者和专业运动员进行训练和比赛。

7. 冰雪体验馆

冰雪体验馆是一个集合了各种冰雪项目的室内场所，旨在让游客全面体验冰雪运动的魅力。这些体验馆通常包括滑雪、滑冰、雪橇等多个体验区，并配备专业教练进行指导。此外，冰雪体验馆还可以举办各类冰雪运动赛事和表演，吸引更多人参与冰雪运动。

8. 室内冰雪培训中心

室内冰雪培训中心是专为冰雪运动爱好者和专业运动员提供技能培训和提高的场所。这些培训中心通常配备有室内滑雪道、溜冰场、冰壁攀爬设施等，以满足各类冰雪运动的训练需求。此外，培训中心还提供专业教练指导，帮助学员提高技能和水平。

室内冰雪设施为冰雪运动爱好者提供了一个在非自然环境中进行冰雪运动的选择。这些设施在全球范围内越来越受欢迎，尤其在气候条件不适合冰雪运动的地区。通过室内冰雪设施，更多人可以体验到冰雪运动的乐趣和挑战。

（三）救援与安全设备

包括救援雪橇、安全围栏、导向标识、雪崩预警系统等。

冰雪场馆的救援与安全设备对于确保游客和运动员的安全至关重要。

1. 救援雪橇

救援雪橇是一种专门用于山区救援的设备，通常由雪地摩托或雪车拖拉。救援雪橇可以快速到达事故现场，将受伤者运送至安全地带接受救治。救援雪橇通常配备有医疗急救设备、担架和绷带等，以便在现场进行初步救治。

2. 安全围栏

安全围栏是一种用于隔离危险区域和保护滑雪者的设备。安全围栏通常采用柔软且具有弹性的材料制成，如塑料或泡沫，以减少滑雪者与围栏发生碰撞时的伤害。安全围栏可以围绕滑雪道边缘、危险区域和观众区域设置，提醒滑雪者注意安全。

3. 导向标识

导向标识是一种用于指示滑雪道方向、难度和危险区域的标识。导向标识通常采用醒目的颜色和图案，如绿色表示初级滑道，蓝色表示中级滑道，黑色表示高级滑道。导向标识有助于滑雪者了解滑雪道的信息，避免误入危险区域。

4. 雪崩预警系统

雪崩预警系统是一种用于监测雪崩风险和发布预警信息的设备。这类系统通常包括雪层监测传感器、气象站和通信设备等。雪崩预警系统能够实时收集雪层、气象和地质数据，评估雪崩风险，并在必要时发布预警信息，提醒滑雪者和工作人员注意安全。

5. 个人安全设备

个人安全设备包括头盔、护目镜、护腕、护膝等，用于保护滑雪者在运动过程中的安全。头盔可以保护头部免受撞击，护目镜可以防止雪花和强光对眼睛的刺激，护腕和护膝可以减轻摔倒时对关节的冲击。滑雪者在滑雪时应根据自己的技能水平和运动类型选择合适的个人安全设备。

6. 雪崩救援设备

雪崩救援设备是一套用于雪崩事故救援的专业设备。这些设备通常包括雪崩信标、探雪杖和雪橇等。雪崩信标可以帮助寻找被雪崩掩埋的人员，探雪杖可以在雪层中快速探测被埋人员的位置，雪橇则用于将受伤者运送至安全地带。滑雪者在进入高风险区域时应携带雪崩救援设备，并了解其使用方法。

7. 紧急通信设备

紧急通信设备是滑雪场救援与安全设备的重要组成部分。这类设备通常包括对讲机、卫星电话和 SOS 信号发射器等。紧急通信设备可以在发生意外或遇到危险时与救援人员或滑雪场管理中心保持联系，及时求援。滑雪者在进入偏远地区滑雪时应携带紧急通信设备，并了解其使用方法。

8. 首援包

首援包是滑雪场救援与安全设备的基本组成部分。首援包通常包括创可贴、绷带、止血带、消毒液和体温保暖毯等基本医疗急救用品。滑雪场工作人员和滑雪者都应随身携带首援包，以便在发生意外时进行及时的初步救治。

救援与安全设备在冰雪场馆中起着至关重要的作用，能够保障滑雪者和运动员的安全。滑雪场管理方应根据场馆的特点和运动员的需求，选择适当的救援与安全设备，并定期进行设备检查和维护，确保其处于良好状态。同时，滑雪者也应了解并使用相关设备，提高自身的安全意识，确保在冰雪场馆中享受到安全的冰雪运动体验。

（四）雪场配套设施

包括餐饮、住宿、娱乐设施等。

雪场的配套设施为游客提供了便利的服务，以满足他们在滑雪之余的各种需求。

1. 餐饮设施

雪场通常设有多种餐饮设施，如餐厅、咖啡厅和快餐店等。这些设施提供各类食物和饮料，以满足游客的口味和需求。部分雪场的餐饮设施还设有观景台或落地窗，让游客在用餐时欣赏美丽的雪景。此外，雪场餐饮设施也常常提供特色餐点，如瑞士火锅、雪场披萨等。

2. 住宿设施

雪场通常与附近的酒店和度假村合作，为游客提供各类住宿选择。这些住宿设施包括豪华酒店、度假别墅和山地木屋等，满足不同游客的预算和喜好。部分雪场还设有直通滑雪道的滑雪度假村，方便游客在滑雪之余享受舒适的住宿体验。

3. 娱乐设施

雪场通常提供多种娱乐设施，如温泉、桑拿、游泳池、健身房、SPA 等。这些设施为游客在滑雪之余提供了休闲放松的场所。部分雪场还设有儿童游乐区、电影院、保龄球馆等娱乐设施，以满足各年龄段游客的娱乐需求。

4. 雪具租赁和雪具商店

雪场通常设有雪具租赁点和雪具商店，为游客提供滑雪器材的租赁和购买服务。这些设施提供各类滑雪器材，如滑雪板、雪鞋、滑雪杖和滑雪服等。此外，雪具租赁点和雪具商店的工作人员还可以为游客提供专业的器材选择建议。

5. 滑雪培训学校

雪场通常设有滑雪培训学校，为初学者和进阶者提供滑雪技能培训。这些滑雪培训学校提供各类滑雪课程，如私人课程、团体课程和儿童课程等。这些课程由经验丰富的滑雪教练授课，帮助游客学习并掌握正确的滑雪技巧。此外，滑雪培训学校还为学员提供滑雪证书和滑雪等级考试，以评估他们的滑雪技能水平。

6. 医疗救援中心

雪场通常设有医疗救援中心，为游客提供急救服务和基本医疗保健。医疗救援中心通常配备专业的医护人员和急救设备，以应对滑雪过程中可能发生的意外和伤病。此外，部分雪场还与附近的医院和诊所建立合作关系，以便在需要时为游客提供及时的救治服务。

7. 交通设施

雪场通常提供便捷的交通设施，如班车、缆车和滑雪道升降机等。这些设施方便游客往返于雪场、酒店和周边景点。此外，部分雪场还提供雪地摩托和雪地车等交通工具，让游客在雪场内更轻松地穿梭。

8. 停车设施

为方便自驾游客，雪场通常设有宽敞的停车场。这些停车场提供充足的停车位，并设有指示牌和管理人员，以确保停车秩序。部分雪场还提供免费或优惠的停车服务，以吸引更多游客。

雪场的配套设施为游客提供了全方位的服务，让他们在滑雪之余享受到舒适便捷的体验。雪场管理方应根据游客的需求和场馆的特点，不断完善和更新配套设施，以提升游客满意度和雪场的竞争力。

第二节　冰雪设施设备市场概况

冰雪设施设备市场涵盖了与冰雪运动相关的各种设施、器材和配套产品。

随着冰雪运动的普及和发展，以及冬季奥运会等大型赛事的影响，冰雪设施设备市场呈现出快速增长的态势。

一、冰雪设施设备制造市场的全球分配

冰雪设施设备制造市场在全球范围内分布广泛，各地的市场特点和规模受地理位置、气候条件、经济发展水平和冰雪运动的普及程度等因素影响。

（一）欧洲市场

欧洲是滑雪场设施设备制造市场的领导者之一。德国、奥地利、瑞士、法国和意大利等国家拥有许多知名的滑雪设备制造商，如莱特纳（Leitner）、达普（Doppelmayr）、普拉西斯（Prinoth）和泰尼科（Techno Alpin）等。这些企业在滑雪缆车、雪炮和人造雪系统等方面具有先进的技术和创新能力，其产品在全球范围内享有盛誉。

1. 莱特纳（Leitner）

莱特纳是一家总部位于意大利的全球知名滑雪缆车制造商。成立于1888年，公司为滑雪场提供高品质、高效能的升降机和缆车解决方案。莱特纳的产品包括各种类型的缆车，如高速四人座、六人座和八人座缆车，以及可容纳更多乘客的全景缆车。此外，公司还提供各种雪道照明设备，以便在夜间滑雪。

2. 达普（Doppelmayr）

达普是一家奥地利公司，自20世纪50年代以来一直是滑雪缆车和升降机市场的领导者之一。公司提供各种类型的升降机和缆车，如高速四人座、六人座和八人座缆车，以及各种类型的拖拉机和表面升降机。此外，达普还为滑雪场提供全面的运输解决方案，包括材料运输、雪道维护和雪道规划等。

3. 普拉西斯（Prinoth）

普拉西斯是一家意大利公司，专门从事雪地车辆和雪道维护设备的制造。公司的产品包括用于雪道压实和修整的雪猫，以及用于雪道清扫和除雪的雪车。普拉西斯的雪猫以其高效性能、耐用性和对雪道质量的严格把控而闻名。

4. 泰尼科（Techno Alpin）

泰尼科是一家总部位于意大利的滑雪设备制造商，专注于人造雪系统的研发和生产。公司提供全面的人造雪解决方案，包括雪炮、雪枪、水泵站和管道系统等。泰尼科的产品以高效、环保和节能著称，满足各种滑雪场的人造雪需求。

这些欧洲滑雪场设施设备制造商不仅在技术创新和产品质量方面表现出色，而且在市场推广、客户服务和售后支持方面具有丰富经验。通过与滑雪场、政府部门和其他相关机构的紧密合作，这些制造商为全球滑雪产业的发展做出了重要贡献。

（二）北美洲市场

美国和加拿大的滑雪场设施设备制造业也非常发达。美国的波马（Poma）和加拿大的达普加拿大（Doppelmayr Canada）等公司在滑雪升降机、雪炮和雪道维护设备等领域具有较高的市场份额。这些公司在全球市场中具有较大影响力，尤其在北美市场中占据主导地位。

1. 波马（Poma）

波马是一家法国公司，在美国设有子公司。它是滑雪场升降机和缆车制造领域的全球领导者之一。波马的产品包括各种类型的升降机，如高速四人座、六人座和八人座缆车，以及各种类型的拖拉机和表面升降机。波马还提供其他设备，如滑雪道照明和雪道维护设备。在北美市场，波马占据着重要地位，其产品在许多滑雪场广泛使用。

2. 达普加拿大（Doppelmayr Canada）

达普加拿大是达普集团在加拿大的子公司，专注于滑雪升降机和缆车的制造。与其母公司一样，达普加拿大提供各种类型的缆车和升降机，包括高速四人座、六人座和八人座缆车，以及各种类型的及拖拉机和表面升降机。此外，公司还提供滑雪道维护和运输解决方案。达普加拿大在北美市场具有很高的市场份额，其产品在加拿大和美国的滑雪场中广泛使用。

3. 雪佛龙（Sufag）

雪佛龙是一家美国公司，专门从事人造雪系统的制造。公司提供全面的人造雪解决方案，包括雪炮、雪枪、水泵站和管道系统等。雪佛龙的产品以高效、环保和节能著称，满足各种滑雪场的人造雪需求。

4. 达科（Taco）

达科是一家美国公司，专注于滑雪道维护设备的研发和生产。公司的产品包括雪猫、雪车和雪道清扫设备等。达科的雪猫以其高效性能、耐用性和对雪道质量的严格把控而闻名。

5. 特劳维（Trowin）

特劳维是一家加拿大公司，专门从事滑雪安全设备的制造。公司提供包括安全围栏、防护网、导向标识和雪崩预警系统等在内的多种滑雪场安全设备。特劳维的产品以其高品质和耐用性而受到市场的欢迎，为滑雪场提供有效的安全保障。

6. 米勒（Miller）

米勒是一家美国公司，专注于滑雪救援设备的生产。公司提供包括救援雪橇、担架、绑带和急救包等在内的多种滑雪救援设备。米勒的产品以其高品质、耐用性和实用性而受到市场的欢迎，为滑雪场提供有效的救援保障。

这些北美滑雪场设施设备制造商凭借其高品质、技术创新和广泛的服务网络，在全球市场中具有很大的影响力，尤其在北美市场中占据主导地位。他们的产品和解决方案为滑雪场提供了安全、舒适和可靠的基础设施，为滑雪爱好者创造了优质的滑雪体验。此外，这些公司还通过持续的研发和创新努力，为滑雪场提供更环保、节能和智能的设施设备解决方案。

（三）亚洲市场

亚洲地区，尤其是日本、中国和韩国，滑雪场设施设备制造市场近年来发展迅速。日本的丰田汽车公司（Toyota）、中国的永久跃升（Yongjiu Leap）和韩国的三星重工（Samsung Heavy Industries）等公司在滑雪设备制造方面取得了显著成果。随着亚洲地区冰雪运动的普及，预计滑雪场设施设备制造市场将继续扩大。

1. 日本

日本是世界上最受欢迎的滑雪胜地之一，因此对滑雪场设施设备的需求很大。日本的丰田汽车公司（Toyota）在滑雪场设施设备领域取得了显著成果，尤其在雪道维护设备和雪炮方面。此外，日本的山脉工程（Yamakyu）和住友重机械（Sumitomo Heavy Industries）等公司也在滑雪场设施设备制造领域有所作为。

2. 中国

随着冰雪运动在中国的普及，滑雪场设施设备制造业得到了迅速发展。中国的永久跃升（Yongjiu Leap）是国内领先的滑雪场设备制造商，产品涵盖了雪炮、雪车、升降机等多个领域。此外，中国的南山滑雪（Nanshan Ski）和华侨城滑雪（OCT Ski）等公司也在滑雪场设备制造领域取得了显著的发展。

3. 韩国

韩国在滑雪场设施设备制造领域也取得了一定的成绩。三星重工（Samsung Heavy Industries）是韩国最大的滑雪场设备制造商之一，为当地滑雪场提供了大量高品质的设备。此外，韩国的金宇滑雪（Jinyu Ski）和大宇滑雪（Daewoo Ski）等公司也在滑雪场设施设备制造领域有所发展。

这些亚洲地区的滑雪场设施设备制造商在技术创新、产品质量和市场推广方面取得了显著的成果，逐步提升了在全球市场中的竞争地位。随着亚洲地区冰雪运动的普及和经济发展，预计滑雪场设施设备制造市场将进一步扩大，为滑雪场提供更多高品质的设备和服务。

（四）澳大利亚和新西兰市场

澳大利亚和新西兰虽然地处南半球，但在滑雪场设施设备制造市场上也有一定的地位。这些国家的设备制造商主要关注市场上的细分领域，如滑雪服装和滑雪配件等。这些企业在国际市场上的竞争力较弱，但在本地市场中具有一定的份额。

1. 澳大利亚

澳大利亚虽然位于南半球，但在滑雪场设施设备制造市场上也有一定的地位。这些公司主要专注于滑雪服装、滑雪配件和维修设备等细分市场。澳大利亚的滑雪场设备制造商如 XTM Performance 和 Sontimer 等，以其高品质的产品和出色的客户服务在本地市场中占有一定的份额。虽然在国际市场上的竞争力相对较弱，但这些企业通过不断创新和扩大产品线，逐步提高了自身在全球市场的竞争力。

2. 新西兰

新西兰的滑雪场设施设备制造商同样在滑雪服装、滑雪配件和维修设备等细分市场上具有一定的份额。这些公司如 Mons Royale 和 Macpac 等，因其高品质的产品和良好的客户服务在新西兰和澳大利亚市场中备受认可。尽管在国际市场上的竞争力相对较弱，但通过与国际品牌合作和不断创新，这些企业正在努力提高在全球滑雪场设施设备制造市场中的地位。

澳大利亚和新西兰的滑雪场设施设备制造商通过关注细分市场，提供高品质的产品和服务，逐步提高了在本地市场和国际市场上的竞争力。这些公司在滑雪服装、滑雪配件和维修设备等领域的成功表明，关注细分市场和提供高品质的产品是在竞争激烈的滑雪场设施设备制造市场中取得成功的关键。

滑雪场设施设备制造市场在全球范围内呈现出多样化的特点。在发达国家，如欧洲和北美地区，滑雪场设施设备制造商在技术创新、品质保障和市场份额方面具有较高的竞争力。这些公司在全球市场中占据主导地位，为滑雪场提供高品质的设备和服务。

同时，亚洲地区的滑雪场设施设备制造市场正逐渐崛起，特别是在日本、中国和韩国等国家。这些国家的滑雪设备制造商在技术创新和市场推广方面取得了显著成果，逐步提升了在全球市场中的竞争地位。随着亚洲地区冰雪运动的普及和经济发展，预计滑雪场设施设备制造市场将进一步扩大。

澳大利亚和新西兰虽然在滑雪场设施设备制造市场中的竞争力较弱，但在滑雪服装和滑雪配件等细分领域具有一定的市场份额。这些国家的设备制造商在本地市场中具有一定的影响力，为当地滑雪爱好者提供所需的产品和服务。

随着全球冰雪运动的普及和市场需求的增长，滑雪场设施设备制造市场将继续发展壮大。各国制造商需要不断提升技术创新能力、优化产品质量和加强市场推广，以应对不断变化的市场环境和客户需求。在这个过程中，国际合作和技术交流将为各国制造商带来更多的发展机遇和市场份额。

二、冰雪设施设备市场的行业竞争

冰雪设施设备市场的竞争格局较为复杂，主要表现在以下几个方面。

（一）国际品牌竞争

诸如 Techno Alpin、Prinoth、Pisten Bully 等国际知名品牌在市场上具有较高的知名度和竞争力。这些品牌凭借其产品质量、技术创新和客户服务等方面的优势和市场份额，占据了市场的主导地位，赢得了客户的信任和好评。

1. 技术创新

国际品牌在技术创新方面拥有先进的技术和研发能力，能够不断开发新的技术和产品，以满足市场需求。例如，Techno Alpin 不断推出新的人造雪系统产品，以提高其产品的能效和可持续性；Prinoth 则致力于开发新的雪地车和其他滑雪设备，以提高运营效率和客户体验。

2. 全球化布局

国际品牌在全球范围内拥有广泛的销售和服务网络，能够快速响应客户需求，并提供优质的客户服务和售后支持。这些品牌在全球范围内建立了强大的销售和服务网络，包括分布在欧洲、北美和亚洲等地的多个分公司和经销商。

3. 市场营销和品牌影响力

国际品牌在市场营销和品牌影响力方面投入了大量资源，通过各种途径扩大品牌知名度和市场份额。这些品牌经常参加各种行业展览、发布新产品和开展合作等活动，以提高其品牌知名度和市场占有率。

国际品牌在冰雪设施设备制造市场上具有很高的竞争力和市场份额。它们在产品质量、技术创新、客户服务和全球化布局等方面不断提升自身竞争力，成为市场的主导者，并对其他品牌构成较大的竞争压力。

（二）本土品牌崛起

在一些地区，特别是亚洲市场，本土冰雪设施设备品牌逐渐崛起，与国际品牌展开竞争。这些本土品牌往往以价格优势和针对本地市场的创新产品获得市场份额。

1. 价格优势

本土品牌往往拥有较低的制造成本和人力资源成本，能够提供具有竞争力的产品价格，吸引更多的客户。相比之下，国际品牌往往需要面对较高的运营成本和人力资源成本，在价格上难以与本土品牌竞争。

2. 针对本地市场的创新产品

本土品牌更加了解本地市场的需求和特点，能够有针对性地开发出符合市场需求的产品。例如，在中国市场上，永久跃升公司开发出的雪地电单车，就符合了中国市场对于环保、健康等方面的需求，受到了广泛关注。

3. 品牌影响力的提升

一些本土品牌在市场中表现出色，获得了较高的品牌知名度和市场份额。例如，中国的巨人集团（Giant）在滑雪设备制造领域拥有较高的市场份额，成为中国本土滑雪设备制造领域的领导者。

4. 政策支持

一些国家的政府对本土品牌进行了资金和政策的支持，使得本土品牌能够在市场中获得更大的竞争优势。本土品牌在冰雪设施设备制造市场中的竞争力越来越强。随着本土品牌不断提升产品质量、技术创新和市场营销能力，它们将与国际品牌展开更为激烈的竞争。

（三）新兴企业挑战

在市场不断变化的背景下，一些新兴冰雪设施设备企业以独特的产品和服务吸引客户。这些企业通过技术创新、个性化定制和灵活经营策略，逐渐在市场上崭露头角。

1. 技术创新

新兴企业需要不断进行技术创新和研发，以推出具有竞争力的产品和解决方案，满足市场需求。例如，一些新兴企业开发出了新型的人造雪系统和滑雪设备，具有更高的能效和更佳的环保性能。

2. 个性化定制

新兴企业能够更好地满足客户的个性化需求，提供定制化的解决方案。例如，一些新兴企业可以根据客户的具体需求定制雪道、设备和服务，提高客户的满意度和忠诚度。

3. 灵活经营策略

新兴企业需要具备灵活的经营策略和运营模式，以应对市场变化和客户需求。例如，一些新兴企业可以采用租赁、合作和共享等方式，降低运营成本，提高市场竞争力。

4. 品牌知名度和市场份额

新兴企业需要在市场中不断提升品牌知名度和市场份额，以增强市场竞争力。例如，一些新兴企业可以通过营销活动、社交媒体和品牌合作等方式，提升品牌知名度和市场占有率。

新兴企业在冰雪设施设备制造市场中具有一定的竞争优势。它们通过技术创新、个性化定制和灵活经营策略等方式，逐渐在市场上崭露头角，并对传统企业构成一定的挑战。但是，新兴企业也需要面临市场竞争和资金压力等挑战，需要不断提升自身实力和竞争能力，才能在市场中获得更大的成功。

三、冰雪运动设施设备市场发展趋势

随着冰雪运动在全球范围内越来越受欢迎，冰雪运动设施设备市场也呈现出一些显著的发展趋势。

（一）技术创新

随着科技的发展，冰雪运动设备不断升级和改进。例如，现代化的雪炮可以在较高温度下造雪，降低对自然条件的依赖；滑雪服采用透气防水材料和保暖技术，提升舒适度和保暖效果。此外，运动员和游客对设备性能的要求也在不断提高，对于设备制造商而言，技术创新将成为市场竞争力的关键。

（二）室内冰雪场馆的兴起

由于气候变化和自然雪资源的有限性，室内冰雪场馆越来越受到关注。室内滑雪道、室内溜冰场和室内冰壁攀爬等设施让人们在全年无需依赖天气条件就能享受冰雪运动。随着室内冰雪场馆的普及，与之相关的设备和技术也将得到快速发展。

（三）可持续发展与环保

随着全球对环境保护的关注度不断提高，冰雪运动设施设备市场也开始重视绿色可持续发展。例如，使用节能技术的雪场照明、采用太阳能和风能等可再生能源的滑雪场设备等。设备制造商将越来越重视产品的环保性能，以满足市场需求和法规要求。

（四）个性化与定制化

随着冰雪运动参与者的多样化，个性化和定制化的需求日益增加。例如，定制滑雪板、滑雪靴和滑雪服等。设备制造商需要关注不同消费者群体的需求，提供个性化和定制化的产品和服务，以满足市场的多样化需求。

（五）智能化与"互联网 +"

随着互联网技术和物联网技术的迅速发展，智能化趋势在冰雪运动设施设备市场也日益显现。例如，通过手机 App 预订滑雪票、租赁滑雪设备；智能滑雪装备如智能滑雪眼镜、智能滑雪手表等，可为运动员提供实时的速度、海拔、心率等数据。此外，雪场管理系统的智能化也能帮助雪场更高效地进行运营和维护。与互联网和物联网技术的结合将为冰雪运动设施设备市场带来巨大的发展机遇。

（六）市场全球化

随着冰雪运动在全球范围内的普及，冰雪设施设备市场也逐渐走向全球化。这意味着设备制造商需要关注全球市场的需求和变化，以便更好地适应不同地区的市场环境。此外，随着国际赛事如冬奥会等的举办，全球冰雪运动设施设备市场的竞争将更加激烈，要求设备制造商不断提升产品质量和创新能力。

（七）合作与整合

为了应对日益激烈的市场竞争和客户需求的多样化，冰雪运动设施设备制造商之间的合作与整合将越来越普遍。通过合作，制造商可以共享技术、资源和市场，实现共同发展。同时，产业链的整合有助于提高行业的整体竞争力，为客户提供更优质的产品和服务。

冰雪运动设施设备市场的发展趋势表明，技术创新、可持续发展、个性化定制、智能化、市场全球化、合作与整合等方面将成为未来市场的主要发展方向。制造商需要密切关注这些趋势，不断调整和优化产品策略，以应对市场变化和客户需求。

思考练习

1. 冰雪设施的分类方式有哪几种？

2. 请论述冰雪运动设备市场的整体行业竞争状况。

3. 当前冰雪运动设施设备市场发展的趋势如何？

 案例分析

冰雪运动装备制造的工匠精神

在黑龙江省七台河市，一座 83 米的橙色高塔直指蓝天。在这座短道速滑冠军馆里，陈列着杨扬、王濛、孙琳琳、范可新等 12 名冬奥冠军和世界冠军的奖牌，以及中国奥委会授予七台河的"奥运冠军之城"奖杯，记录了从当地走出的几代奥运冠军及教练团队的奋斗史，见证着七台河的光荣与梦想。

奥运健儿成功谱写一首首冰上"圆舞曲"的背后，离不开工匠精神的默默奉献。在百凝盾运动装备科技有限公司车间里，技工师傅正全神贯注地操作着机器，仔细打磨每一把冰刀。公司总经理王帅告诉记者："国际允许的冰刀厚度误差是 0.5 毫米，我们可以把误差稳定在 0.2 毫米至 0.3 毫米。"

七台河冰雪运动装备制造业的发展，让我国奥运健儿的底气更足了。培养出多位冬奥冠军的教练孟庆余介绍，过去他每天凌晨三四点就起床，推着自制的制冰机铺设场地，干完活大衣都冻成了硬板。如今，七台河体育中心标准化的室内冰场用上了自主研发的高效制冰机，再也不用顶风冒雪。

不仅是冰雪经济领域，近年来，七台河工匠精神还在绿色制造、生物经济、循环经济等方面结出了硕果。在黑龙江联顺生物科技有限公司的车间里，从黑土地上收获的玉米和大豆通过生物发酵技术变成了原料药。公司党委书记马融介绍，该公司 2019 年在七台河市江河融合绿色智造产业园区注册成立，主要致力于生物医药、生物兽药、生物农药及其制剂系列产品的研发、生产和销售，生产过程产生的废料经特殊工艺处理后可加工成生物有机肥，并通过延链将生产污水制成水肥，实现改良土壤、增产减肥、节水减碳的效果。

（案例资料来源:《经济日报》）

第六章
冰雪运动装备市场

冰雪运动装备市场指的是滑雪、滑冰、冰球等冰雪运动所需要的各种装备和用品的市场，如滑雪板、滑雪鞋、冰刀、头盔、护具、服装、护目镜、手套等。随着人们对冰雪运动的兴趣和投资的不断增加，冰雪运动装备市场呈现出快速增长的趋势。

第一节　冰雪运动装备分类及介绍

冰雪运动装备为冰雪运动项目提供保护和支持，这些装备旨在确保运动员的安全、舒适和提高运动表现。冰雪运动装备不仅能够提升运动员在安全性、舒适度方面的感受，还能够帮助提升运动员的适应性和运动表现力，甚至增强运动员的信心。

一、冰雪运动装备分类

冰雪运动装备可以按照不同分类方式进行分类，主要包括以下几种。

（一）按照运动项目分类

冰雪运动装备可以按照不同的运动项目进行分类，如滑雪装备、滑冰装备、冰壁攀登装备等。

1.滑雪装备

滑雪装备主要包括滑雪板、滑雪杖、滑雪头盔、滑雪鞋等。根据不同的滑雪场地和滑雪类型，滑雪装备也有着不同的款式和特点，如高山滑雪、自由式滑雪、越野滑雪等。

2.滑冰装备

滑冰装备主要包括冰鞋、冰刀、护具等。冰鞋和冰刀是滑冰运动最基本的装备，其结构和性能决定了运动员的滑行速度和稳定性。

3.冰壁攀登装备

冰壁攀登装备主要包括冰斧、冰钉、保护器、攀爬绳等。在攀登冰壁时，这些装备都发挥着不同的作用，保证攀爬的安全和顺利。

（二）按照材料分类

冰雪运动装备可以按照不同的材料进行分类，如合金杆、碳纤维杆、轻量杆等。

1.合金杆

合金杆是一种由铝合金、钛合金等金属材料制成的杆子，主要用于滑雪板、滑雪杖、雪鞋等装备的制造。合金杆具有较高的韧性和强度，能够抵抗外界冲击和变形，同时重量较轻。

2.碳纤维杆

碳纤维杆是一种由碳纤维材料制成的杆子，主要用于滑雪板、滑雪杖、滑雪头盔等装备的制造。碳纤维杆具有较高的强度和刚性，同时重量较轻，有助于提高运动员的速度和敏捷性。

3.轻量杆

轻量杆是一种以塑料、聚酰胺纤维等材料为基础，经过加工制成的杆子，主要用于滑雪板、滑雪鞋等装备的制造。轻量杆具有重量轻、强度高、耐磨损等特点，能够提高运动员的滑行速度和操控性。

（三）按照使用对象分类

冰雪运动装备可以按照不同的使用对象进行分类，如成人装备、儿童装备、专业运动员装备等。

1. 成人装备

成人装备是针对成年人设计和制造的，其款式和尺寸较为成熟和稳重。成人装备在使用上更加注重性能和稳定性，适用于各种水平的运动员。

2. 儿童装备

儿童装备是专门为儿童设计和制造的，其款式和尺寸适合儿童身材。儿童装备在使用上更加注重安全和易操作性，适合各年龄段的儿童。

3. 专业运动员装备

专业运动员装备是为高水平运动员设计和制造的，其款式和材料在性能和质量上都有较高的要求。专业运动员装备适用于各种比赛和高强度训练，能够满足运动员的专业需求。

（四）按照使用场景分类

冰雪运动装备可以按照不同的使用场景进行分类，如室内场地装备、户外场地装备等。

1. 室内场地装备

室内场地装备是适用于室内滑冰场和室内滑雪场等场地的装备。由于室内场地的环境相对稳定，室内场地装备在设计和制造上更加注重舒适性和易操作性，适合各年龄段和水平的运动员使用。

2. 户外场地装备

户外场地装备是适用于户外滑雪场、冰壶场等场地的装备。由于户外场地环境较为复杂，户外场地装备在设计和制造上更加注重耐用性和适应性，能够适应不同的气候和地形条件。

（五）按照品牌分类

冰雪运动装备可以按照不同的品牌进行分类，如 Rossignol、K2、Salomon 等；也可根据不同国家的品牌进行分类。

1. 欧美品牌

欧美品牌在冰雪运动装备市场上占据着重要的地位，如 Rossignol、K2、

Salomon 等。这些品牌拥有先进的技术、优质的材料和卓越的设计，产品覆盖滑雪、滑冰、冰壁攀登等多个项目。这些品牌在国际市场上享有较高的知名度和声誉，其产品质量和性能倍受消费者认可。

2. 日韩品牌

日韩品牌在冰雪运动装备市场上逐渐崛起，如 Mizuno、Fischer、Atomic 等。这些品牌通过技术创新、独特的设计和对本地市场的深入了解，逐渐在国际市场上获得了一定的份额。其中，日本的 Mizuno 以滑雪板为主打产品，在滑雪板设计上具有较强的创新能力；韩国的 FILA 在滑雪装备领域拥有一定的市场影响力。

3. 中国品牌

中国品牌在冰雪运动装备市场上也开始崭露头角，如威远、雪中伟业、荣盛等。这些品牌通过创新设计和高性价比产品，逐渐赢得了一定的市场份额。近年来，随着中国冰雪运动市场的不断扩大，中国品牌在国内市场上的竞争力逐渐增强，有望进一步拓展国际市场。

二、冰雪运动装备介绍

根据冰雪运动项目和装备类型的不同，冰雪运动装备可以进行不同的分类，下面我们按照运动项目将冰雪运动装备做一简单介绍。

（一）滑雪装备

滑雪装备包括滑雪板、滑雪鞋、滑雪杖等。滑雪板可以根据板面形状、长度、硬度等不同特点进行分类，如双板、单板、小板、大板、深雪板等。滑雪鞋可以根据大小、软硬度、功能等进行分类，如童鞋、男鞋、女鞋、初学者鞋、高级专业鞋等。滑雪杖可以根据长度、材料等特点进行分类，如童杖、成人杖、铝合金杆、碳纤维杆等。

（二）滑冰装备

滑冰装备主要包括冰刀和滑冰鞋，它们可以根据刀片形状、长度、材料等不同特点进行分类。例如，冰刀可以分为长刀、短刀、中刀、尖刀等，而滑冰鞋则可以根据用途、款式、尺码等进行分类。

（三）冰球装备

冰球装备包括冰球杆、冰球鞋、冰球盔等。冰球杆可以根据杆面大小、杆杆硬度、杆头形状等进行分类，如青少年杆、成人杆、弯曲杆等。冰球鞋可以根据尺码、用途、材质等进行分类，如青少年鞋、成人鞋、室外鞋、室内鞋等。冰球盔则可以根据安全等级、款式、颜色等进行分类。

（四）越野滑雪装备

越野滑雪装备包括越野滑雪板、越野滑雪鞋、护具等。越野滑雪板可以根据长度、材质、硬度等进行分类，如切尔诺夫型板、非切尔诺夫型板、旋转型板等。越野滑雪鞋可以根据尺码、功能、材质等进行分类，如男鞋、女鞋、专业鞋、休闲鞋等。护具则可以根据不同部位进行分类，如头盔、护腕、护肘、护膝等。

（五）冰壶装备

冰壶装备包括冰壶、冰壶杆等。冰壶可以根据大小、材质等进行分类，如成人壶、儿童壶、塑料壶、金属壶等。冰壶杆则可以根据长度、材质、重量等进行分类，如铝合金杆、碳纤维杆、轻量杆等。

（六）冰壁攀登装备

冰壁攀登装备包括冰斧、冰钉、攀登绳索、攀登帽等。冰斧可以根据尺寸、重量、材料等进行分类，如技术型冰斧、教学型冰斧等。冰钉可以根据长度、材料、形状等进行分类，如锐角钉、圆头钉、锐头钉等。攀登绳索可以根据直径、材料、强度等进行分类，如动态绳、静态绳等。攀登帽则可以根据保暖性、透气性、重量等进行分类。

（七）冰雪竞速装备

冰雪竞速装备包括速度滑冰鞋、射击枪等。速度滑冰鞋可以根据尺码、重量、材料等进行分类，如成人鞋、儿童鞋、专业鞋等。射击枪可以根据类型、重量、射击精度等进行分类，如小口径步枪、大口径步枪等。

除了上述装备类型，还有一些通用的装备和配件，如头盔、护具、护目镜、手套、保温服装等。这些装备和配件可以适用于不同的冰雪运动项目，为运动员提供安全保护和舒适性。总的来说，冰雪运动装备市场的多样化和专业化趋势在不断增强，以满足人们更好的冰雪运动体验和更高的安全保障需求。

第二节　冰雪运动装备市场概述

冰雪运动装备市场是一个不断增长的市场，主要包括滑雪装备、滑冰装备、冰壶装备等，其中滑雪装备是市场占比最大的品类。随着人们对冰雪运动的热爱和对健康生活的追求，冰雪运动装备市场呈现出稳定的增长趋势。

一、冰雪运动装备制造市场全球分配

全球冰雪运动装备市场主要集中在欧洲、北美和亚太地区，其中欧洲市场规模最大，北美市场次之，亚太市场增速最快。

（一）欧洲装备制造市场

欧洲的冰雪装备制造业已经有着较为成熟的产业链，从研发、设计、生产、销售、售后服务等各个环节都有完善的体系。这些企业注重产品质量和技术创新，为消费者提供高品质的冰雪装备产品和优质的售后服务。

瑞士是欧洲冰雪装备制造业的重要中心之一，拥有众多著名的滑雪装备品牌，如 Atomic、Fischer、Head、Salomon 等。这些品牌在滑雪板、滑雪靴、滑雪杖等冰雪装备的设计、制造、销售方面具有领先的技术和创新能力，同时注重产品的质量和品牌形象的塑造。

奥地利也是欧洲冰雪装备制造业的重要中心之一，拥有诸多知名品牌，如 Blizzard、Kästle、Fischer 等。这些品牌在滑雪板、滑雪靴、滑雪杖等方面均有自己的特色和技术优势，深受滑雪爱好者和专业运动员的喜爱。

除此之外，欧洲的一些小型企业和创业公司也在不断涌现，通过创新设计和研发，不断推出新的冰雪装备产品。这些企业往往具有较高的灵活性和市场适应能力，能够为滑雪爱好者提供更加个性化的产品选择。整个欧洲冰雪装备制造业的发展前景仍然十分广阔，将会继续吸引更多的投资和关注。

（二）北美冰雪装备制造市场

北美地区是全球冰雪装备制造市场的重要中心之一，拥有众多知名的冰雪装备品牌。美国是北美冰雪装备制造业的主要中心之一，拥有 Burton、K2、Rossignol 等知名品牌。这些品牌在滑雪板、滑雪靴、滑雪杖等方面具有较为成熟的技术和设计水平，同时注重产品的质量和品牌形象的塑造。

加拿大也是北美冰雪装备制造业的重要中心之一，拥有 Salomon、Atomic、Fischer 等众多知名品牌。这些品牌在滑雪板、滑雪靴、滑雪杖等方面也有着自己的特色和技术优势，深受滑雪爱好者和专业运动员的喜爱。

北美的冰雪装备制造业注重产品的创新和技术的引领，同时也注重环境保护和可持续发展。一些企业在设计和制造冰雪装备时，会使用可再生材料或者进行环保设计，以降低对环境的影响。

此外，北美地区的一些小型企业和创业公司也在不断涌现，通过创新设计和研发，不断推出新的冰雪装备产品。这些企业往往具有较高的灵活性和市场适应能力，能够为滑雪爱好者提供更加个性化的产品选择。整个北美冰雪装备制造业的发展前景仍然十分广阔，将会继续吸引更多的投资和关注。

（三）亚太冰雪装备制造市场

亚太地区是全球冰雪运动装备制造市场的重要区域之一，随着亚洲冰雪运动的快速发展，该地区的冰雪运动装备市场也在不断扩大。

日本是亚太地区冰雪装备制造的重要国家之一，拥有世界知名品牌如 Mizuno、Yonex 等。这些品牌在滑雪板、滑雪靴、滑雪杖等方面都有着自己的技术优势和市场地位。同时，日本的雪具配件也颇具特色，如手套、面罩等产品，深受滑雪爱好者的欢迎。

中国是亚太地区冰雪装备制造业的新兴力量，随着中国冰雪运动的快速发展，国内的冰雪装备制造企业也在逐渐崛起。国内一些知名品牌如雪中飞、小熊猫等，在雪具板、滑雪服装等方面也有着一定的技术积累和品牌影响力。

韩国的冰雪装备制造业也在不断发展，旗下拥有 Atomic Korea、Rossignol

Korea 等品牌，同时也在为滑雪爱好者提供越来越多的冰雪装备选择。

整个亚太地区的冰雪运动装备制造业在技术创新和市场拓展方面取得了不俗的成绩，同时也面临着挑战和机遇。随着亚洲冰雪运动的普及和推广，该地区的冰雪运动装备市场将会进一步扩大和成熟。

二、冰雪运动装备市场行业竞争

冰雪运动装备制造行业的竞争态势主要表现为以下几个方面。

（一）国际品牌竞争

在全球范围内，一些国际品牌如 Rossignol、Salomon、K2 等具有较高的知名度和市场份额，这些品牌凭借其品质、创新和服务等方面的优势占据市场的主导地位。同时，一些本土品牌在本地市场上也具有一定的竞争力。

（二）技术创新竞争

随着科技的不断进步，各企业需要不断进行技术创新才能满足消费者的需求。比如，现在的滑雪板、滑雪鞋、雪具等产品都需要不断进行技术创新，以满足不同消费者的需求。因此，在技术创新方面的竞争也越来越激烈。

（三）价格竞争

价格一直是消费者考虑的重要因素之一，因此价格竞争也是制造企业之间的一种竞争手段。一些企业会通过降低成本、提高效率等方式来降低产品价格，以吸引消费者。

（四）品牌营销竞争

随着互联网的发展，各企业在品牌营销方面的竞争也越来越激烈。企业需要不断提高品牌知名度、加强宣传推广等，以提高品牌影响力和市场份额。

（五）渠道竞争

渠道的开发和管理对于企业的销售业绩非常重要。因此，企业需要通过拓展渠道、加强渠道管理等手段来提高销售业绩。同时，各渠道之间的竞争也是制造企业之间的一种竞争手段。

三、冰雪运动装备市场发展趋势

冰雪运动装备制造市场发展趋势可以从以下几个方面来详细解释。

（一）个性化和定制化趋势

消费者对于个性化和定制化的需求越来越高，因此冰雪运动装备制造商将会更加注重消费者需求和产品差异化，推出更具有个性化和定制化特色的产品，以满足消费者的需求。

随着消费者个性化需求的不断增加，冰雪运动装备制造商也开始关注定制化产品的开发。通过为消费者提供定制化服务，可以更好地满足其个性化需求，提高产品的价值和差异化竞争力。例如，一些品牌推出了可以个性化定制配色、设计和尺码的滑雪板和滑雪服装等产品，以满足消费者的不同需求。

另外，一些冰雪装备制造商还开发了智能化产品，如配备传感器的滑雪板、智能滑雪镜等，以提供更加个性化的体验和数据分析服务。可以预见，个性化和定制化将成为未来冰雪运动装备制造市场的重要发展趋势之一。

（二）可持续发展趋势

冰雪运动装备制造商将越来越注重产品的可持续性，尤其是在材料的选择和制造过程中更加注重环境保护和资源利用，推出更加环保的产品。

随着环境保护意识的增强，越来越多的冰雪运动装备制造商开始注重可持续发展，尤其是在产品设计、材料选择和生产过程中更加注重环境保护和资源利用。一些制造商采用环保材料生产滑雪板、滑雪服装等产品，如可回收材料、生物可降解材料和环保纤维等，以减少对环境的负面影响。同时，一些制造商还采取了可持续的生产和经营方式，如节能减排、循环利用和环境管理等措施，以降低对环境的影响。

此外，一些制造商还在产品设计中考虑到可持续性的因素，如可拆卸和可回收的部件、多功能设计和生产过程中的节能减排等。这些措施不仅有助于保护环境，还可以提高企业的品牌形象和竞争力，吸引更多消费者。

（三）技术创新趋势

随着技术的不断发展，冰雪运动装备制造商将会更加注重技术创新，如智能化、数字化、材料技术等方面的创新，以提高产品性能和品质。

技术创新是冰雪运动装备制造业未来的重要发展方向之一。随着科技的不断进步，制造商将会更加注重智能化、数字化、材料技术等方面的创新。其中，智能化和数字化技术的应用将会对冰雪运动装备制造业产生深远影响。例如，智能传感器技术的应用能够实时监测装备的状态和运动轨迹，为消费者提供更加精准的数据和反馈；数字化技术的应用能够实现装备的个性化定制，为消费者提供更加符合其需求的产品。

材料技术的创新也是冰雪运动装备制造业的重要发展方向之一。制造商将会更加注重材料的选择和使用，推出更加环保、轻量、耐用的产品。例如，新型的高分子材料、先进的复合材料和金属材料等，将会广泛应用于冰雪运动装备的制造中，以提高产品的性能和品质。

（四）互联网和智能化趋势

随着网络技术的不断发展和普及，越来越多的消费者倾向于在网上购买冰雪运动装备，因为网络购物具有购物便利、价格透明、商品丰富、比较容易查找各品牌和规格的产品等特点。同时，冰雪运动装备制造商也可以通过网络渠道直接与消费者互动，了解市场需求和反馈，进行精准的市场分析和营销策略制定。因此，建立和完善电子商务渠道已成为冰雪运动装备制造商开拓市场、提高销售额的重要方式之一。

随着人工智能、大数据和物联网等技术的不断发展，冰雪运动装备制造商将会更加注重智能化的发展趋势，如智能调节、智能识别、智能管理等方面的创新，以提高产品的功能和性能。

可穿戴技术是未来的一个趋势，冰雪运动装备制造商也将会更加注重可穿戴技术的发展，如智能手表、智能眼镜、智能手环等，可以监测运动员的身体数据、环境数据和设备数据，以提高运动员的运动效率和安全性。

（五）体验化趋势

随着人们对于冰雪运动体验的需求越来越高，冰雪运动装备制造商将会更加注重产品的设计和功能，以提升消费者的使用体验。同时，也将更加注重产品的附加价值，如售后服务、体验活动等，以提高品牌忠诚度和口碑。

体验式展示：在展会或者专卖店内设置冰雪场景，让消费者亲自体验冰雪运动装备的使用感受。

试穿试用：店内提供免费试穿试用服务，让消费者感受产品的舒适度和性能。

体验活动：组织冰雪运动活动，如滑雪、滑冰等，让消费者充分感受到产品的优势和使用体验。

社交媒体营销：通过社交媒体平台发布品牌故事、用户分享等内容，引导消费者更多地了解和关注品牌，提升品牌影响力和美誉度。

思考练习

1.请简要说明目前常用的冰雪运动装备有哪些？

2.当前冰雪运动装备制造市场的全球分配状况如何？

3.请论述未来冰雪运动装备市场的发展趋势。

标准化为冰雪产业高质量发展提供支撑

标准是经济活动和社会发展的技术支撑。国家标准化管理委员会下达的《体育信息分类与代码　第5部分：体育场地代码》标准计划，标准征求意见文件的编制已完成，此次编制的场地分类代码包括冰球、冰壶、滑冰、滑雪等冰雪体育场地，文件进行了对照分类，对于冰雪运动产业的规范统计和发展具有重要意义。无独有偶，国家市场监管总局（国家标准委）在 2023 年 7 月批准发布了 11 项与冰雪运动相关的国家标准，涉及冰雪运动基础术语、运动水平等级评价、培训规范、赛事活动组织、场所运营管理五大类，这对提升我国冰雪运动发展综合实力有着积极作用和深远影响。

随着近年来冰雪运动的普及和兴起，有关部门持续推动冰雪产业标准化，促进行业健康有序发展。在已发布的冰雪运动相关国家标准 31 项中有 27 项涉及装备设施、服装用具、防护用品、管理服务等方面的推荐性标准。2023 年 7 月发布的 11 项标准中，培训规范、赛事活动组织、场所运营管理方面的多项标准与冰雪产业发展息息相关，在提高培训服务规范化、专业化水平，形成赛事品牌示范效应，引导滑雪场提高建设质量和服务管理水平等方面起到促进作用。市场监管总局标准技术司副司长徐长兴表示，针对滑雪场地使用的安全网、防护垫和造雪机等，正在组织研制 10 项国家标准，为进一步强化滑雪场所安全管理、赛事活动管理等提供支撑。

冰雪运动传统强省黑龙江目前正在创建中国—上海合作组织冰雪体育示范区，标准化是支撑冰雪体育示范区建设的一种途径。黑龙江省市场监管局二级巡视员杨福星介绍，黑龙江省研究编制了《黑龙江省冰雪产业标准体系》，并在黑龙江省冰上训练中心、黑龙江冰雪体育职业学院、大庆市滑冰馆和齐齐哈尔黑龙江国际冰雪装备有限公司 4 个单位，开展冰雪体育标准化试点，以高标准助推冰雪产业高质量发展。不断提升冰雪产业标准化服务能力，进一步扩大冰雪运动标准的影响力，提升标准化在冰雪运动中的指导和规范作用，将是促进冰雪产业高质量发展的"点金石"。

（案例资料来源：《中国体育报》）

第七章
冰雪运动培训市场

冰雪运动培训市场是指为人们提供滑雪、滑冰、冰球等冰雪运动技能培训的市场。随着人们对冰雪运动的热爱和需求增加，冰雪运动培训市场也在不断发展。随着人们对健康生活的需求增加，越来越多的人选择参加冰雪运动培训来锻炼身体、陶冶情操，冰雪运动培训市场也在向普通大众开放，不再局限于专业运动员或高端人群。

第一节　冰雪运动培训市场概述

根据 2018 年发布的《中国冰雪产业白皮书》，截至 2017 年，我国冰雪培训市场规模已达到 29.9 亿元，其中冰球、花样滑冰、速度滑冰是培训市场的主要板块。同时，由于北京申办 2022 年冬奥会的成功，全国冰雪产业迎来了新一轮的发展热潮，冰雪培训市场也将得到进一步的推动和扩大。据预测，到 2022 年，我国冰雪培训市场规模将达到 80 亿元。

一、冰雪培训市场分类

冰雪运动培训市场可以按照不同的运动项目、不同的目标人群和不同的培训形式等进行分类。

（一）按照不同的运动项目进行分类

冰雪运动培训可以包括滑雪、滑冰、冰壶等多种运动项目的培训。

（二）按照不同的目标人群进行分类

冰雪运动培训可以面向不同的目标人群，如儿童、青少年、成年人、专业运动员等，以满足不同人群的需求。

（三）按照不同的培训形式进行分类

冰雪运动培训可以分为团体培训、个人定制培训、集训营等不同的形式，以满足不同人群的需求。

（四）按照不同的培训地点进行分类

冰雪运动培训可以分为室内冰场、室外滑雪场、专业训练中心等。

（五）冰雪运动培训市场按照不同的服务范围进行分类

冰雪运动培训可以分为基础技术培训、进阶技术培训、竞技训练等。

二、冰雪培训机构的类型

冰雪培训机构主要可以分为以下五种类型。

（一）政府或官方机构

包括各级体育局、冰雪协会、国家队等。政府或官方机构通常提供高水平的培训和指导，并且能够提供专业的训练设施和场地。

（二）私人或商业机构

包括私人教练、体育俱乐部、运动学校等。这些机构通常为普通群众和业余爱好者提供培训服务，培养基础和中级水平的冰雪运动员。

（三）学校或院校

包括各级中小学、大学等。学校或院校通常在体育课程中提供基础的冰雪运动培训，并且会选拔有潜力的学生加入校队进行深入的训练。

（四）专业训练机构

包括各级冰球俱乐部、花样滑冰队等。这些机构通常培养高水平的专业运动员，提供全面的训练和比赛机会，并为运动员提供职业发展和转会等服务。

（五）培训营或训练基地

这些机构通常是短期的培训项目或集中训练的场所，如暑期冰雪运动营、集训基地等。这些机构通常聚集了一批志同道合的运动员和教练，提供专业的培训和训练环境。

不同类型的冰雪培训机构针对不同层次和需求的学员提供相应的培训服务，共同推动着我国冰雪运动的发展。

三、冰雪培训市场未来发展趋势

随着国内冰雪运动的发展和普及，冰雪培训市场将会继续快速增长。未来，冰雪培训市场的发展趋势将呈现以下特点。

（一）市场规模持续扩大

随着国家冰雪运动的发展和政策的推动，越来越多的人开始接触和参与冰雪运动，冰雪培训市场将会持续扩大。

近年来，随着国家冰雪产业政策的加大力度和冰雪运动的普及程度，中国冰雪运动市场逐渐壮大，冰雪培训市场也呈现出快速增长的趋势。据统计，2019—2020年度，全国冰雪运动参与人数达到6000万人次，其中冰雪培训学员超过200万人次。预计未来随着政策的不断推进和冰雪运动的不断发展，冰雪培训市场规模将会继续扩大。

此外，随着消费者对于健康、休闲、娱乐等需求的不断增加，冰雪运动逐渐成为一种时尚和生活方式，吸引了更多的人参与其中。这也进一步促进了冰雪培训市场的发展。

随着技术的不断进步和设备的不断升级，冰雪培训也越来越注重个性化和专业化，为消费者提供更加高品质、个性化的培训服务。这也促进了冰雪培训市场的不断发展。

（二）专业化程度提高

冰雪培训机构将会更加注重师资队伍建设和教学质量，提高培训的专业化程度。

1. 师资队伍建设

招聘有丰富教学经验和专业知识的教练员，定期进行教练员培训和考核，提高教练员的教学水平和专业能力。

2. 教学质量监控

制定严格的教学标准和评估体系，对教学质量进行监控和评估，及时发现和解决教学问题，保证培训质量。

3. 教学设施升级

提供先进的教学设施，包括冰场、雪道、设备等，为学员提供更好的学习环境和条件。

4. 课程体系完善

建立科学的课程体系，根据学员的年龄、水平、需求等制定相应的培训方案，提供个性化的培训服务。

5. 拓展多元化培训内容

除了传统的滑雪、滑冰等项目外，拓展多元化的培训内容，如冰球、冰壶、雪上滑板等，满足不同学员的需求和兴趣。

（三）个性化、定制化需求增加

随着消费者需求的变化，冰雪培训市场将会越来越注重个性化和定制化，为不同的消费群体提供差异化的服务。

1. 根据不同年龄、性别、体能水平、兴趣爱好等因素进行分层教学，以满足不同人群的需求。

2. 以不同类型的培训课程，如冰球、花样滑冰、速度滑冰、滑雪等，来满足不同人群的兴趣爱好。

3. 针对不同学员的需求，提供个性化的教学计划和教学方式，如个别化辅导、小班授课、一对一教学等。

4. 提供灵活的培训时间和地点，以适应学员的个人时间安排和地理位置。

5. 提供专业的装备租赁、维修和保养服务，以保证学员的安全和学习效果。

6. 加强师资队伍的培训和管理，提高教练员的专业能力和服务水平，以满足学员的个性化和定制化需求。

通过以上方式，冰雪培训机构可以更加满足学员的个性化和定制化需求，提高培训的质量和效果，同时也可以提高机构的竞争力和市场份额。

（四）技术手段不断更新

冰雪培训机构将会更加注重技术手段的更新和应用，如虚拟现实技术、智能化教学设备等，以提高教学效果和用户体验。

虚拟现实技术是指使用计算机技术和专门的设备来创建一种完全虚拟的现实体验，使用户可以在虚拟现实中进行交互式的学习和训练。在冰雪培训中，虚拟现实技术可以用来模拟不同的滑雪或滑冰场景，让学员在虚拟环境中进行真实的练习和体验，从而提高其技能水平和应对能力。

智能化教学设备是指通过智能化技术实现教学设备的智能化控制和数据收集，以提高教学效果和学员的学习体验。在冰雪培训中，智能化教学设备包括智能化滑雪板、滑冰鞋等，这些设备可以通过传感器和计算机等技术实时收集和分析学员的动作和表现数据，从而为教练员提供更为准确和实时的反馈和指导，帮助学员更快地提高技能水平。

（五）教育体系建设加强

随着国家冰雪运动教育的不断发展和完善，冰雪培训市场也将会受益于此，教育体系建设将会得到加强。

教育体系建设加强指的是在冰雪运动教育领域中，相关部门和机构将会加大对于教育体系的建设和投入。具体来说，这包括建立完善的冰雪运动教育课程体系，完善师资队伍建设，提供更加优质的教育资源和设施，加强冰雪运动教育的管理和监督等方面。通过教育体系建设的加强，可以提高冰雪运动的教育质量和水平，推动冰雪运动的普及和发展。

随着国家对于冰雪运动的重视，教育部门和体育部门将会加强冰雪运动教育体系的建设，从学校、社区到冰雪培训机构等不同层面，提供全面、系统、专业的冰雪运动教育，培养更多的冰雪运动人才。同时，加强对于冰雪运动教育的政策支持和投入，提高教育质量和水平。

第二节　冰上运动人才培养

冰上运动人才培养是指针对冰上运动员的专业训练和培养，包括冰球、花样滑冰、速度滑冰等多个项目。目前，全球范围内的冰上运动人才培养机构和方式各有不同，但大致可以分为以下几类。

（一）国家队体系

各国家和地区都有相应的国家队体系，专门负责选拔和培养具备潜力的冰上运动员。这些国家队会对运动员进行全方位的训练和管理，包括体能训练、技术训练、心理训练等。许多国家队的教练和专业人员拥有丰富的经验和专业技能，为运动员提供全方位的培训和指导。

（二）私人体系

私人机构也可以提供冰上运动员的培训服务，如私人俱乐部、体育学校、冰上运动俱乐部等。这些机构通常会提供专业的教练和设备，为学员提供系统的训练课程和比赛参与机会。私人机构的优势在于更加灵活和个性化，能够根据学员的需求和特点量身定制培训方案。

（三）大型赛事体系

许多大型赛事也可以成为冰上运动员的培训平台，如奥林匹克运动会、世界杯等。这些赛事通常会吸引来自世界各地的顶尖运动员和教练，为学员提供了高水平的比赛和培训机会。许多冰上运动员都是通过参加这些大型赛事逐渐积累经验和提高实力的。

（四）社区培训

社区培训也是一种常见的冰上运动人才培养方式，许多社区体育馆和俱乐部都提供冰上运动的培训服务。这些机构通常会提供入门级别的课程和设备，为初学者提供一个良好的起点，以便他们逐渐提高实力和参与更高级别的比赛。

一、冰球运动员培养模式

（一）学校培养模式

一些体育学校和冰球俱乐部在学生中选拔有潜力的运动员进行专业化的冰球训练，注重基础技能的训练，如滑冰、技术动作、身体素质等，通过比赛的方式积累比赛经验。此外，一些高校也设立了冰球专业，为学生提供冰球运动员的培养和训练。

（二）俱乐部培养模式

俱乐部是我国冰球运动员培养的重要途径，国内的职业冰球俱乐部为有潜力的年轻运动员提供专业化的训练和比赛机会，这些俱乐部会有专业的教练团队和设备设施，为运动员提供全方位的培训。同时，俱乐部也会定期组织国内和国际的比赛，为运动员提供更多的比赛机会和锻炼经验。

（三）海外留学培养模式

由于我国冰球运动的起步较晚，目前国内还存在人才短缺的情况，因此一些有条件的家庭或团队选择将孩子送到海外留学，接受更为专业的冰球训练。在海外，运动员可以接触到更为先进的训练理念和技术，同时也可以更加充分地锻炼语言和文化素养，为未来的职业生涯做好准备。

（四）合作培养模式

在国际冰球交流合作中，我国与加拿大、美国等国家的一些职业联赛、冰球学校和俱乐部开展合作，共同进行人才培养和交流活动。这种模式可以让我国运动员接触到更为先进的培训理念和技术，同时也可以提高我国运动员与国际水平的接轨度。

二、花样滑冰运动员的培养模式

（一）专业体校培养

在我国，许多花样滑冰运动员都是在专业体校接受培养，如上海体育学院、哈尔滨体育学院、沈阳体育学院等。体校通常会根据学生的年龄和能力，制定相应的训练计划和课程，重点培养技术和体能，并通过参加比赛和考核等方式，选拔优秀运动员参加国内和国际比赛。

（二）教练私人培养

一些优秀的花样滑冰运动员会选择由私人教练进行培养，这种方式在国外较为常见。私人教练会根据个人情况制定相应的训练计划和课程，注重个性化培养，但相应的费用也较高。

（三）校外培训机构

除了专业体校外，一些校外培训机构也会提供花样滑冰的培训课程。这种方式较为灵活，可以根据个人情况自由选择课程和时间，但培训质量和教学水平有所不同，需要谨慎选择。

（四）外派培训

一些优秀的花样滑冰运动员会被派往国外进行培训和比赛，以提高其竞技水平和国际经验。外派培训可以接触到国际一流的教练和训练设施，但相应的费用较高，需要有较强的资金支持。

三、速度滑冰运动员的培养模式

速度滑冰是一项体育竞技项目，需要运动员具备高水平的技术、力量、速度和耐力等多方面素质。我国速度滑冰运动员的培养模式主要包括以下方式。

（一）青少年训练营

许多速度滑冰俱乐部或运动中心都设有青少年训练营，专门培养年轻的速度滑冰运动员。这些训练营通常包括基本技术训练、力量训练、体能训练和比赛经验的积累等内容，为年轻运动员提供全面的培训和锻炼。

（二）职业俱乐部

一些职业速度滑冰俱乐部也是培养速度滑冰运动员的重要途径。这些俱乐部通常设有完善的训练设施和教练团队，为速度滑冰运动员提供专业的技术指导和训练计划，帮助他们提高技术水平和竞技能力。

（三）国家集训队

国家集训队是培养速度滑冰运动员的重要力量，负责选派运动员参加国际性比赛，并为他们提供高水平的训练和竞技环境。国家集训队通常会组织长期集训和短期集训，让运动员在各种环境下不断锤炼自己的技术和能力。

（四）国际交流和比赛

国际交流和比赛是培养速度滑冰运动员的重要途径之一。通过参加国际比赛，运动员可以接触到更高水平的对手和赛事，提高自己的竞技水平和心理素质。同时，国际交流也可以帮助运动员拓展视野、学习外国的训练方法和理念，为自己的进一步发展打下基础。

（五）个人训练和自我提高

在速度滑冰这样的高水平竞技项目中，个人的训练和自我提高也是非常重要的。速度滑冰运动员需要具备较高的自我意识和自我管理能力，不断调整自己的训练计划和方法，发现自己的不足并加以改善。

第三节　雪上运动人才培养

雪上运动员培养包括多个项目，主要包括高山滑雪、自由式滑雪、越野滑雪、雪车、单板滑雪等。我国的雪上运动人才培养体系由中国滑雪协会和国家体育总局主管。该体系包括国家队、青年梯队、各级地方队伍和社会体育普及群体四个层次。

（一）国家队

国家队是最高水平的雪上运动人才集中的组织，是代表中国参加国际雪上运动比赛的主要力量。国家队的选手都是经过层层选拔，具备国际一流水平的运动员。

（二）青年梯队

青年梯队是培养和选拔雪上运动人才的重要力量，包括预备队、二队和青年队。青年梯队的选手通常年龄在 18 岁以下，通过在国内外比赛中的表现来获得选拔和晋升的机会。

（三）各级地方队伍

各级地方队伍是在国家队和青年梯队之外，也是非常重要的雪上运动人才培养组织。各地方队伍通过组织各种雪上运动比赛，选拔和培养具有潜质的选手，然后将他们推荐到国家队或青年梯队。

（四）社会体育普及群体

为了加强雪上运动的普及和推广，国家体育总局和各级政府也积极推动雪上运动的普及和推广，组织各种冰雪活动和比赛，吸引更多的人参与到雪上运动中来。同时，也鼓励社会体育机构和民间团体积极开展冰雪运动普及活动，提高人民群众的雪上运动水平。

一、高山滑雪运动员培养模式

高山滑雪是一项对技术和体能要求都很高的冰雪运动，培养高水平的高山滑雪运动员需要严谨的培养模式和多方位的支持。以下是高山滑雪运动员培养模式的分析。

（一）国家队培养

国家队是培养高水平高山滑雪运动员的重要途径。国家队选手通常是从青少年训练营或地方队中选拔出来的优秀选手，他们将接受更加系统和科学的训练。国家队会安排针对性的训练计划，包括技术、体能、心理等方面的训练。国家队选手还有机会参加国内和国际的比赛，不断提高自己的比赛水平和经验。国家队的培养模式具有系统性和长期性，能够为培养高水平高山滑雪运动员提供全方位的支持。

（二）俱乐部培养

除了国家队的培养，高山滑雪运动员的培养还离不开俱乐部的培养。在中国，也有很多拥有高山滑雪队伍的俱乐部，它们也承担着一部分运动员的培养任务。这些俱乐部会组织一些比赛和训练，为运动员提供一定的场地和设施支持。此外，这些俱乐部也可以与国家队合作，为国家队输送潜力运动员。

（三）职业联赛培养

随着高山滑雪运动在国内的发展，越来越多的职业联赛也开始涌现。这些联赛包括中国高山滑雪巡回赛、亚洲高山滑雪巡回赛等。这些联赛提供了一个展示自己、提高自己的机会，同时也为高山滑雪运动员提供了一定的收入来源。通过参加这些联赛，运动员可以积累经验、提高自己的比赛水平，从而更好地为国家队效力。

（四）专业体育院校培养

随着我国冰雪运动的快速发展，越来越多的学校开始开设高山滑雪相关课程。国内体育专业院校如沈阳体育学院及一些综合性大学的体育学院如东北师范大学体育学院等，为学生开设了高山滑雪的相关课程，提供基础的高山滑雪训练和教育。学校通常会有自己的高山滑雪队伍，并会组织一些比赛和训练活动。通过这些活动，学生可以接受系统的高山滑雪培训，锻炼自己的技术和心理素质，为以后成为优秀高山滑雪运动员打下基础。

高山滑雪运动员的培养模式包括国家队培养、俱乐部培养、职业联赛培养、专业院校培养等多种形式。这些形式相互配合，构成了一个完整的高山滑雪人才培养体系，为我国高山滑雪运动的发展提供了有力的支持。

二、自由式滑雪运动员培养模式

（一）国家队培养

自由式滑雪国家队是我国自由式滑雪项目最高水平的代表队伍，是由国家体育总局冬季运动管理中心指导下的专业代表队。国家队的选拔主要是通过全国各省、市、区的选拔赛，选拔出具有潜质的年轻人才，然后在国家队内进行专业化的培训和训练，以提高运动员的竞技水平。国家队的运动员通常享有更好的训练条件和资源，同时也可以参加更高水平的国际比赛，从而提高竞技水平和获得更多的经验。

（二）体校和学校培养

我国各级体校和学校也有自由式滑雪运动员的培养计划，这些机构通常与国家队保持密切联系，为国家队输送新人才。在这些机构中，通常会有专业的教练员进行培训和指导，同时也会有更加专业化的训练设备和场地，以提高运动员的竞技水平。

（三）俱乐部培养

在我国，有很多自由式滑雪俱乐部，这些俱乐部通常拥有更加灵活的培训方式和资源配置。运动员可以在俱乐部进行专业化的培训和训练，同时也可以参加俱乐部组织的比赛和活动，提高自身的竞技水平和获得比赛经验。

（四）个人培养

有些自由式滑雪运动员可能没有机会进入体制内的培养机构，他们可能会选择自己进行个人训练和培养，通过自己的努力和经验积累提高竞技水平。他们通常会选择自己的训练方式和场地，通过参加比赛和活动来提高竞技水平。

三、雪车运动员的培养模式

我国雪车运动员的培养模式相对其他雪上运动员来说还比较落后，但是近年来，中国雪车协会已经开始加强人才培养和竞技水平的提升。以下是我国雪车运动员的培养模式。

（一）体制内培养模式

体制内培养模式是指由中国雪车协会主导，以体育院校、体校、训练中心等机构为主要培养基地，通过国家选拔赛、全国青少年比赛等途径选拔人才，对青少年进行专业化训练。在训练中，运动员不仅接受技术训练，还会接受体能、心理等方面的训练，以提高竞技水平和综合素质。此外，体制内培养还注重团队协作和集体荣誉感的培养，以保证国家队的整体实力和竞技水平。

（二）体制外培养模式

体制外培养模式是指由社会力量主导，以滑雪场、滑雪俱乐部、私人教练等机构为主要培养基地，运动员根据自己的兴趣和爱好选择是否参与训练。体制外培养的优点在于可以提供更灵活的培养方式，让运动员有更多的选择和自由，也可以更好地满足个性化和定制化需求。但由于缺乏体制内培养的体系化、规范化和科学化，以及受资金、场地等方面的限制，体制外培养的运动员的竞技水平相对较低，无法进入国家队。

我国雪车运动员的培养模式仍有待完善。目前体制内培养仍然是主要的培养模式，但需要进一步加强科学化、规范化和系统化的培养，同时也需要开拓体制外培养的途径，以提高人才的整体实力和竞技水平。

思考练习

1.冰雪培训市场的种类有哪些？

2.请论述冰上运动人才培养与雪上运动人才培养的区别。

助力 500 个孩子学滑冰！
"奔跑吧·少年"沈阳市青少年滑冰技能培训营受好评

随着最后一期训练营的顺利进行，2023 年"奔跑吧·少年"沈阳市青少年滑冰技能培训营在为期四个月的时间里，总计完成十期培训，为 500 名孩子实现了学会滑冰的梦想。培训营活动由沈阳市体育局主办，沈阳奥美体育承办，培训营举办期间学员家长纷纷给出好评。打造"冰雪沈阳、逐梦'双运'之城"！沈阳市体育局抓住后冬奥时代，把握辽宁省申办全国第十五届冬运会的契机，依托冰雪场地资源，探索举办"青少年冰雪技能培训营"公益活动新模式，让更多的青少年有机会接触冰雪运动。

培训营期间，奥美体育全程把小学员们的感受和收获放在第一位！为保障青少年滑冰技能培训营顺利举办，奥美体育组建了高规格的专业团队，由南明豪教练长担任培训营教练组组长，配备多名拥有多年执教经验、具备相关培训资格的资深教练。奥美体育专门设计了理论培训＋陆地训练＋冰上训练三结合营训内容课程。培训营开始前，奥美体育准备滑冰器材、为每位学员购买保险、设计、布置漂亮的营训环境；开营时，从签到环节到开营仪式，都给了孩子们满满的仪式感。为了保证孩子们的健康与安全，和平冰上运动中心和奥美冰雪五里河馆两处冰场都配备了医务人员和医务处理室，为小学员们保驾护航。接下来奥美体育会在下半年陆续推出多期公益滑冰训练营，让更多的孩子爱上滑冰，享受冰上运动的快乐。

（案例资料来源：沈阳市体育局）

第八章
冰雪旅游市场

冰雪旅游是指以冰雪景观和冰雪运动为主要内容的旅游活动。随着我国冰雪产业的不断发展和国民收入的增加，冰雪旅游市场呈现出快速增长的趋势。冰雪旅游的主要形式包括滑雪、滑冰、雪地越野、雪橇等。其中，滑雪是冰雪旅游的主要形式之一，也是冰雪旅游市场的核心。

第一节　冰雪旅游产品与服务

随着冰雪旅游市场的日益壮大和人们对冰雪运动的热爱，冰雪旅游产品与服务已经成为一个值得关注的领域。从滑雪度假村、冰雪主题乐园到丰富多样的冬季活动，冰雪旅游为游客带来了全新的体验和挑战。为了满足不同消费者的需求，冰雪旅游产品与服务逐渐呈现出多样化、个性化的特点。

一、冰雪旅游市场概述

冰雪旅游市场是指以冰雪活动为主要内容的旅游业市场。近年来，随着全球气候变化和人们对冬季户外活动兴趣的增长，冰雪旅游市场呈现出快速发展的趋势。冰雪市场涵盖了滑雪、滑冰、雪橇、雪地摩托等冰雪运动，以及冰雪节、雪雕展览等文化活动。冰雪旅游市场的主要特点有以下几点。

（一）经济性

冰雪旅游市场对当地经济产生了积极的影响，创造了就业机会，促进了基础设施建设，推动了相关产业的发展。与此同时，冰雪旅游业也面临着一定的风险，如气候变化、安全问题等。

（二）地理性

冰雪旅游市场主要分布在北半球高纬度地区，如北欧、北美、俄罗斯、日本、中国等国家。这些地区拥有丰富的冰雪资源，为冰雪旅游提供了良好的自然条件。

（三）季节性

冰雪旅游市场具有明显的季节性特征，主要集中在每年的冬季和春季。在这段时间里，冰雪旅游目的地吸引了大量游客，形成了旺季。夏季和秋季则是冰雪旅游市场的淡季。

（四）多样性

冰雪旅游市场包含了多种类型的活动，从初级滑雪者到专业运动员，从家庭游到团队建设活动，都可以在这个市场中找到相应的产品和服务。

（五）文化性

冰雪旅游目的地往往融合了当地的历史、文化、艺术和美食等元素，为游客提供了丰富的体验。许多冰雪节庆活动也融入了民俗文化，吸引了众多游客。

（六）可持续发展性

随着全球气候变化和环境保护意识的提高，冰雪旅游市场正逐步朝向绿色、低碳、可持续的发展方向。许多冰雪旅游胜地正在采用清洁能源、节水措施等方式减小对环境的影响。

二、市场规模与分类

（一）冰雪市场规模

1.滑雪度假市场规模：滑雪度假市场是冰雪旅游的一个重要组成部分。全球约有2000多个滑雪度假村，其中欧洲、北美和亚洲的滑雪度假村数量最多。

据估计，全球每年有约 1 亿至 1.2 亿人次参与滑雪度假活动，产生的旅游收入规模达数百亿美元。

2. 冰雪文化活动市场规模：冰雪文化活动包括冰雪节、雪雕展览等，这些活动吸引了大量游客。

3. 冰雪旅游相关产业规模：冰雪旅游带动了交通、餐饮、住宿、娱乐等相关产业的发展。这些产业为冰雪旅游市场提供了基础设施和服务，产生的收入规模也在数百亿美元以上。

（二）冰雪旅游市场可以根据不同的标准进行分类

1. 按活动类型分类

（1）冰雪运动：包括滑雪、滑冰、雪橇、雪地摩托、冰爬等。

（2）冰雪文化活动：包括冰雪节、雪雕展览、冰雕比赛等。

（3）冰雪观光：包括观赏冰川、雪山、极地风光等自然景观，以及参观冰屋、冰酒店等特色建筑。

（4）冰雪休闲度假：包括温泉、冰雪 SPA、冰雪主题乐园等。

2. 按目的地地理位置分类

（1）北欧：芬兰、瑞典、挪威、冰岛等国家，以其壮观的极光和独特的冰雪文化而闻名。

（2）北美：美国和加拿大的滑雪胜地，如科罗拉多州的阿斯彭、加拿大的班芙等。

（3）亚洲：日本、中国、韩国等国家的冰雪旅游目的地，如日本北海道、中国哈尔滨等。

（4）俄罗斯：以西伯利亚地区的冰雪风光和传统冰雪文化为特色。

（5）阿尔卑斯山区：法国、瑞士、奥地利等国家的滑雪度假胜地。

3. 按旅游方式分类

（1）个人旅游：游客自主安排行程，包括自驾游、徒步游等。

（2）团队旅游：通过旅行社组织的团队行程，包括家庭游、企业团建等。

（3）专业运动员：参加国际比赛、培训营等冰雪运动活动的专业人士。

4.按旅游目的分类

（1）休闲度假：游客主要以放松心情、享受冰雪活动为目的。

（2）文化体验：游客主要为了了解冰雪相关的历史、民俗、艺术等文化。

（3）运动锻炼：游客主要参加冰雪运动以提高身体素质或技能水平。

（4）商务考察：行业从业者参观考察冰雪旅游目的地的设施、管理、运营等方面，以了解市场动态和寻求合作机会。

5.按旅游时间分类

（1）旺季：通常在冬季和春季，此时冰雪资源丰富，冰雪旅游活动丰富多样。

（2）淡季：通常在夏季和秋季，此时冰雪资源相对较少，但部分地区仍有冰川、高山滑雪等特色旅游项目。

6.按游客年龄分类

（1）儿童：冰雪旅游目的地通常会为儿童提供特定的滑雪教学、游乐设施等。

（2）青年：青年游客通常更倾向于参加极限冰雪运动、探险活动等。

（3）成人：成人游客可能更注重休闲度假、文化体验等方面的需求。

（4）老年人：老年游客可能更喜欢参加轻度的冰雪活动，如观光、文化活动等。

不同类型的冰雪旅游项目、目的地和客户群体都有其特定的需求和发展趋势。深入了解这些分类有助于政府、企业和投资者制定针对性的冰雪旅游发展策略和产品设计。

三、消费群体和需求

冰雪旅游市场涵盖了多种消费群体，不同群体在旅游目的、兴趣爱好和消费需求方面存在差异。以下是一些主要的消费群体及其需求特点。

（一）家庭游客

需求特点：家庭游客通常注重亲子互动、安全性和娱乐性。他们倾向于选择适合全家人参与的冰雪活动，如初级滑雪、滑冰、雪橇等，以及冰雪主题乐园和温泉度假村等。此外，家庭游客还关注亲子教育和文化体验，如参观雪雕、冰雕展览和参加冰雪节庆活动。

（二）年轻游客

需求特点：年轻游客寻求刺激、探险和挑战，他们更愿意尝试极限冰雪运动，如滑雪、雪地摩托、冰爬等。此外，他们对时尚、潮流和社交互动等方面也有较高的需求，如夜间滑雪、滑雪派对、音乐节等。

（三）老年游客

需求特点：老年游客关注安全、舒适和文化体验。他们更倾向于选择轻度冰雪活动，如观光游、温泉度假等。此外，他们对当地的历史、民俗、艺术等文化元素也有较高的兴趣，如参观冰雪博物馆、冰雪艺术展览等。

（四）专业运动员

需求特点：专业运动员参加冰雪旅游主要是为了提高技能、参加比赛或者进行训练。他们对雪道质量、教练水平、设施设备等方面有较高的要求。此外，他们还需要专业的运动休养和康复服务，如运动按摩、营养餐等。

（五）商务考察

需求特点：商务考察游客主要关注冰雪旅游目的地的市场潜力、设施建设和运营管理等方面。他们可能会参观冰雪度假村、滑雪场、冰雪设施展览等，以获取行业信息和寻求合作机会。

（六）团队建设

需求特点：企业团队建设活动通常关注团队凝聚力、沟通能力和领导力的培养。他们会选择一些有利于团队协作和挑战的冰雪项目，如团队滑雪比赛、雪地定向越野等。此外，他们还需要举办团队研讨会、庆功宴等活动，因此对会议设施、餐饮服务等方面有一定的要求。

（七）教育旅行

需求特点：教育旅行通常以学生团体为主，关注冰雪知识的普及和实践经验的获取。他们会参加冰雪课程、实地考察等活动，以了解冰雪运动的科学原理、技巧要领等。此外，他们还对住宿、餐饮等方面有一定的预算限制，因此会选择性价比较高的服务。

了解不同消费群体的需求特点，有助于冰雪旅游目的地和企业精准定位市场，提供符合需求的产品和服务。例如，为家庭游客提供亲子滑雪课程和儿童游乐设施；为年轻游客提供极限冰雪项目和时尚活动；为老年游客提供轻度冰雪活动和文化体验等。同时，也要关注市场动态和消费趋势，不断创新和优化产品，以满足不断变化的市场需求。

四、政策和法规

截至 2021 年，以下是一些与中国冰雪旅游相关的政策法规。请注意，这些政策法规可能会随着时间的推移而发生变化，因此在实际操作中，请务必参考最新的政策文件。

《全民健身计划（2016—2020）》：国务院于 2016 年发布的《全民健身计划（2016—2020）》提出了加强冰雪运动推广和普及的要求，将冰雪运动纳入全民健身战略。该计划旨在提高人们的冰雪运动参与度，从而带动冰雪旅游产业的发展。

《冬季运动发展规划（2016—2025）》：国家体育总局于 2016 年发布的《冬季运动发展规划（2016—2025）》明确提出了中国冰雪运动的总体目标、发展任务和保障措施。该规划提倡大力发展冰雪旅游产业，扩大冰雪旅游市场，推动冰雪旅游与体育、文化、商贸等产业融合发展。

《关于加快发展体育产业促进体育消费的若干意见》：国务院于 2014 年发布的《关于加快发展体育产业促进体育消费的若干意见》明确提出，要加快发展体育旅游业，推动冰雪旅游等特色旅游业态发展。

地方政策：各地政府针对本地区冰雪旅游资源和市场特点，出台了一系列优惠政策和措施，如土地使用、金融支持、税收优惠等，以鼓励冰雪旅游产业的发展。例如，黑龙江省、吉林省等东北地区的政府，大力支持当地冰雪旅游产业的发展，为企业提供了政策扶持。

五、冰雪旅游市场的产品

冰雪旅游市场的产品丰富多样，涵盖了各种冰雪活动、设施、服务和文化体验。例如，冰雪度假村、冰雪主题乐园等。

（一）滑雪度假村

滑雪度假村是冰雪旅游的重要组成部分，以滑雪运动为核心，同时提供一系列配套服务和设施。

1.地域特色

滑雪度假村通常拥有良好的自然雪场，提供适合初学者、中级和高级滑雪者的雪道。大部分滑雪度假村还具备人工造雪设备，以确保滑雪季节的稳定运营。

2.设施完善

滑雪度假村提供滑雪设备租赁、教练培训、索道服务等基本滑雪设施。此外，部分度假村还设有雪地公园、雪圈滑道等其他冰雪运动项目，满足游客多样化的需求。

3.一站式服务

滑雪度假村往往提供全方位的配套服务，包括住宿、餐饮、娱乐、购物等。游客可以在度假村内完成从滑雪到休闲度假的全部体验，享受一站式的便捷服务。

4.多样化的住宿选择

滑雪度假村通常提供多种类型的住宿选择，如酒店、度假公寓、木屋等，以满足不同游客的预算和喜好。部分高端滑雪度假村还提供豪华别墅、温泉酒店等高品质住宿服务。

5.丰富的休闲娱乐活动

滑雪度假村为游客提供多种休闲娱乐项目，如温泉、水疗、按摩、健身等。此外，一些度假村还设有夜间滑雪、滑雪派对、音乐节等活动，丰富游客的夜间生活。

6. 安全保障

滑雪度假村注重游客的安全，提供专业的滑雪教练、救援队伍和医疗服务。同时，度假村会定期对雪道、设备、设施等进行检查和维护，确保运营安全。

7. 环保理念

部分滑雪度假村积极倡导环保理念，采用可持续发展的设计和运营方式，如绿色建筑、节能减排、废物回收等。通过这些举措，有助于保护当地的自然环境和生态平衡，实现可持续发展。

8. 个性化定制服务

为满足不同游客的需求，部分滑雪度假村提供个性化定制服务，如私人教练、定制行程、特色餐饮等。这些服务让游客感受到贴心的关照，提高了度假体验的满意度。

9. 地域文化体验

滑雪度假村通常紧密结合当地的地域文化特色，打造独具特色的冰雪旅游产品。游客可以在度假村内体验当地的民俗、非物质文化遗产、特色美食等，更好地了解当地的历史文化。

10. 亲子互动

为满足家庭游客的需求，部分滑雪度假村特别设置了亲子滑雪课程、儿童雪地乐园等设施。这些设施让孩子们在安全的环境中体验冰雪运动，增进家庭成员之间的互动和感情。

滑雪度假村以滑雪运动为核心，结合一系列配套服务和设施，为游客提供丰富多样的冰雪旅游体验。不同滑雪度假村具有各自的特色和优势，游客可以根据自己的喜好和需求选择合适的度假村进行冰雪之旅。

（二）冰雪主题乐园

冰雪主题乐园是一种以冰雪为主题的娱乐场所，通常包含各种冰雪景观、雕塑、游乐设施和互动体验。它将冰雪元素与娱乐活动相结合，为游客提供独特的冰雪体验。以下是冰雪主题乐园的一些主要特色。

1. 独特的冰雪景观

冰雪主题乐园通常拥有各种冰雪景观，如冰雕、雪雕、冰灯等。这些景观展示了冰雪艺术的魅力，为游客提供视觉盛宴。部分冰雪主题乐园还会根据季节或节日变换主题，展示不同的冰雪景观。

2. 创意的冰雪游乐设施

冰雪主题乐园设有各种创意的冰雪游乐设施，如冰滑梯、雪地迷宫、冰雪堡垒等。这些设施让游客亲身体验冰雪的乐趣，尤其受到儿童和家庭游客的欢迎。

3. 互动体验

冰雪主题乐园往往提供一系列互动体验项目，如冰雪制作、冰雪画、冰雪拓展等。这些项目让游客参与到冰雪艺术的创作中，增强了游客的参与感和体验感。

4. 文化与教育

部分冰雪主题乐园还具有文化和教育功能，如冰雪博物馆、冰雪科普展览等。这些设施为游客提供了了解冰雪文化、科学知识的机会，增加了乐园的教育价值。

5. 丰富的活动与表演

冰雪主题乐园通常会举办各种活动与表演，如冰雪节庆、雪地表演、冰舞表演等。这些活动为游客提供了丰富的娱乐项目，增强了游客的参与度和满意度。

6. 室内外结合

部分冰雪主题乐园将室内与室外结合，提供不受天气影响的冰雪体验。例如，室内滑雪场、室内冰雕展览等，让游客在任何季节都能体验到冰雪运动的乐趣。

7. 餐饮与购物

冰雪主题乐园通常会提供特色餐饮和购物服务，如冰吧、雪餐厅、冰雪主题纪念品店等。这些设施让游客在游玩过程中休息、用餐和购买纪念品，提高了游客整体的游览体验。

8. 安全与舒适

冰雪主题乐园注重游客的安全和舒适度，提供保暖设施、滑雪器材租赁、救护服务等。此外，乐园还会定期对冰雪设施进行检查和维护，确保游客的安全。

冰雪主题乐园以冰雪为核心，结合各种娱乐活动和服务，为游客提供独特的冰雪体验。这种乐园尤其适合家庭游客和冰雪爱好者，是冰雪旅游的重要组成部分。

（三）冰雪主题活动和庆典

冰雪主题活动和庆典是一类以冰雪为主题的大型集体活动，通常在冬季举办。这些活动旨在展示冰雪文化和艺术，吸引游客，促进当地旅游业的发展。以下是一些知名的冰雪主题活动和庆典。

1. 哈尔滨冰雪大世界

哈尔滨冰雪大世界是中国最著名的冰雪活动之一，每年冬季举行。活动包括大型冰雕展览、冰灯艺术展、雪雕比赛等，吸引了众多游客和雕刻艺术家参与。

2. 魁北克冰雪狂欢节

魁北克冰雪狂欢节是加拿大的传统冰雪庆典，每年1月至2月举行。活动包括冰雪雕塑比赛、狂欢巡游、冰上运动比赛等，具有浓厚的文化氛围。

3. 札幌雪祭

札幌雪祭是日本著名的冰雪活动，每年2月举行。活动以大型雪雕展览为主，还包括雪上运动、冰雪舞台表演等，展现了日本独特的冰雪文化。

4. 俄罗斯冰雪节

俄罗斯冰雪节是俄罗斯的传统冬季活动，每年1月至2月举行。活动包括冰雪雕塑展览、冰雪运动比赛、民俗表演等，体现了俄罗斯浓厚的民族文化。

5. 北欧极光节

北欧极光节是北欧国家的冰雪庆典，每年冬季举行。活动以观赏极光为主，还包括冰雪雕塑展览、雪地活动等。游客可以在美丽的极光下欣赏冰雪艺术，体验北欧的冰雪魅力。

6.圣莫里茨白雪狂欢节

瑞士的圣莫里茨白雪狂欢节每年冬季举行，活动内容包括雪上马术、雪地高尔夫、冰雪雕塑比赛等。这个庆典为游客提供了丰富多样的冰雪体验，展示了瑞士阿尔卑斯山区的魅力。

7.阿拉斯加冰雪节

美国的阿拉斯加冰雪节每年2月至3月举行，活动包括冰雪雕塑比赛、狗拉雪橇比赛、冰雪运动表演等。此外，阿拉斯加还有著名的极光景观，让游客在欣赏冰雪艺术的同时，感受极地的神秘魅力。

8.芬兰冰雪庆典

芬兰冰雪庆典每年举行，活动包括冰雪建筑展览、冰雪运动比赛、冰雪舞台表演等。芬兰以其独特的北极文化和美丽的极光闻名于世，冰雪庆典为游客提供了深入了解芬兰文化的机会。

这些冰雪主题活动和庆典不仅展示了各地冰雪文化和艺术的独特魅力，还为当地的旅游业带来了巨大的经济效益。随着全球冰雪旅游市场的不断发展，越来越多的国家和地区开始举办冰雪主题活动和庆典，吸引全球游客前来体验。

（四）冰雪文化体验和非运动项目

冰雪文化体验和非运动项目主要指在冰雪旅游过程中，游客可以参与的与冰雪运动无关的文化和娱乐活动。这些项目为游客提供了更丰富的冰雪旅游体验，满足了不同游客的需求。

1.冰雪雕塑与艺术展览

游客可以参观冰雕、雪雕等艺术作品，欣赏冰雪艺术的独特魅力。此外，还有冰雪画展、冰雪摄影展等冰雪主题的艺术展览。

2.冰雪文化体验

游客可以参观冰雪博物馆、民俗村落等场所，了解当地的冰雪历史、文化和传统。部分地区还提供冰雪民族服饰体验、冰雪习俗参与等活动。

3. 冰雪手工制作

游客可以在工作坊学习冰雪手工制作技艺，如冰雕、雪雕、冰灯制作等。这些互动体验活动让游客更深入地了解冰雪艺术，增强游客的参与感。

4. 冰雪美食体验

游客可以品尝冰雪主题的美食，如冰糖葫芦、雪糕、冰酒等。部分地区还提供冰雪烹饪课程，教授制作冰雪美食的技巧。

5. 冰雪温泉

游客可以在冰雪旅游目的地体验温泉，享受冰火两重天的奇妙感受。这种冰雪与温泉相结合的体验尤其受到东北亚地区游客的喜爱。

6. 极光观赏

位于高纬度地区的冰雪旅游目的地，如北欧、加拿大和美国阿拉斯加，游客可以欣赏到壮丽的极光景观。极光观赏成为这些地区冰雪旅游的重要亮点。

7. 冰雪主题表演

游客可以观看冰雪主题的表演，如冰舞、雪地音乐会等。这些表演将冰雪元素与艺术表现相结合，为游客提供独特的视听享受。

8. 冰雪主题娱乐项目

游客可以参加各种冰雪主题的娱乐项目，如冰雪迷宫、雪地滑梯、雪地摩托等。这些项目增加了游客在冰雪旅游过程中的趣味性。

9. 室内冰雪体验

针对那些没有冰雪资源的地区，可以设立室内冰雪乐园和冰雪体验馆。游客可以在室内体验滑雪、滑冰、滑雪橇等冰雪运动，以及欣赏冰雪艺术作品。

10. 冰雪教育与科普

游客可以参加冰雪科普讲座、环保活动等，了解冰雪知识、生态保护意识等。这些教育与科普活动有助于提高游客的环保意识和科学素养。

冰雪文化体验和非运动项目为冰雪旅游市场增色不少，让游客在享受冰雪运动的同时，也能更全面地了解冰雪文化和传统。这些项目丰富了游客的旅游体验，在未来，随着冰雪旅游市场的不断发展，相关的冰雪文化体验和非运动项目也将更加多样化，为游客带来更丰富的冰雪旅游体验。

六、冰雪旅游服务

与冰雪旅游相关的服务类型繁多，为游客提供了全方位、多层次的旅游体验。

（一）装备销售和租赁

冰雪装备销售和租赁服务是冰雪旅游的重要组成部分，为游客提供专业的冰雪运动装备以确保运动安全和提升体验。

1.冰雪装备销售

冰雪装备销售服务主要包括在冰雪旅游目的地或城市内的专业冰雪运动商店。这些商店通常提供各类冰雪运动装备，包括滑雪板、滑雪鞋、滑雪杖、滑冰鞋、雪橇、保暖服装、护具等。购买这些装备不仅可以确保游客拥有适合自己的器材，还可以满足游客长期从事冰雪运动的需求。

此外，一些大型冰雪运动品牌或零售商也会在网上开设电商平台，为游客提供便捷的冰雪装备购买服务。游客可以在网上挑选适合自己的冰雪装备，并享受到快递送货上门的服务。

2.冰雪装备租赁服务

冰雪装备租赁服务主要针对那些只在旅游过程中参与冰雪运动的游客。这些游客可能不需要长期拥有一套专业的冰雪装备，因此租赁成为一个更为经济实惠的选择。

冰雪度假村和滑雪场通常设有专门的冰雪装备租赁中心，提供各类冰雪运动装备的租赁服务。这些租赁中心通常会提供不同品牌、型号和尺寸的滑雪板、滑雪鞋、滑雪杖、滑冰鞋、雪橇、保暖服装、护具等。租赁服务的价格可能会根据装备的品牌、新旧程度和租赁时长而有所不同。

为了确保游客的安全和舒适，冰雪装备租赁中心的工作人员通常会根据游客的需求和技能水平，为游客推荐合适的冰雪装备。此外，一些租赁中心还提供设备调试和维修服务，确保游客在使用过程中的安全和舒适。

（二）导游和教练服务

1.冰雪导游的服务

冰雪旅游中的导游服务在整个旅游体验中扮演着关键角色，为游客提供有关冰雪旅游目的地的信息、安全指导以及文化交流等方面的支持。导游的职责可以概括为：

（1）行程规划与安排：导游会根据游客的需求和实际情况，为游客规划合适的冰雪旅游行程。这包括确定游览的景点、活动、住宿以及餐饮等，确保游客能够充分体验冰雪旅游的魅力。

（2）语言沟通：在冰雪旅游中，导游通常需要具备良好的外语沟通能力，以便为来自不同国家和地区的游客提供服务。导游能够帮助游客克服语言障碍，更好地了解当地的风土人情、文化和历史。

（3）冰雪运动安全指导：在冰雪运动中，安全至关重要。导游需要具备一定的冰雪运动知识和技能，为游客提供安全的滑雪、滑冰等冰雪运动指导。此外，导游还需确保游客了解和遵守滑雪场的安全规则。

（4）文化解说：冰雪旅游往往融合了丰富的历史文化元素。导游需要具备一定的历史、地理和文化知识，向游客介绍冰雪旅游目的地的文化背景、历史沿革、民俗传统等，帮助游客更深入地了解冰雪旅游的内涵。

（5）应急处理：在冰雪旅游过程中，可能会遇到一些突发事件，如天气变化、交通故障、游客身体不适等。导游需要具备一定的应急处理能力，为游客提供及时的帮助和支持。

（6）协调与组织：导游需要协调游客、景点、酒店、餐厅等各方资源，确保整个行程的顺利进行。此外，导游还需要具备一定的团队管理能力，组织游客参加各种冰雪活动，确保活动的秩序和效果。

（7）亲子互动：针对家庭游客，导游可以组织一些亲子互动的冰雪活动，如雪人制作、雪地拔河等，增进家庭成员之间的感情，让整个旅程充满欢乐和温馨。

（8）拍照摄影服务：在冰雪旅游过程中，导游可以为游客拍照留念，记录美好的旅程时光。具备摄影技巧的导游还可以提供一些专业拍摄建议，帮助游客捕捉冰雪景观的美丽瞬间。

（9）地方特色活动推荐：导游通常熟悉当地的特色活动和景点，可以根据游客的兴趣为游客推荐一些当地特色的冰雪活动，如冰雕比赛、冰灯节、雪地烧烤等，让游客更好地体验当地的风俗文化。

（10）旅游购物建议：导游可以为游客提供旅游购物的建议，推荐具有地方特色的纪念品和商品，帮助游客挑选合适的礼物带回家。

冰雪旅游中的导游服务涵盖了多个方面，为游客提供全方位的支持和帮助。一个专业的冰雪旅游导游不仅需要具备丰富的冰雪运动知识、地理和历史文化背景，还要拥有良好的沟通和组织协调能力，确保游客在冰雪旅游过程中能够度过愉快和难忘的时光。

2. 冰雪运动教练的服务

冰雪运动教练在冰雪旅游中扮演着非常重要的角色，他们通过专业的教学和指导帮助游客掌握冰雪运动技能，确保游客在参与冰雪活动时的安全和愉悦。

（1）技能教学：冰雪运动教练的主要职责是教授游客冰雪运动技能，如滑雪、滑冰、滑雪橇等。教练需要根据游客的年龄、体能和技能水平，制定合适的教学计划和方法，确保游客能够在较短时间内掌握基本技能。

（2）安全指导：冰雪运动中的安全至关重要，冰雪运动教练需要向游客提供详细的安全指导，如正确穿戴护具、遵守滑雪场规则、应对突发情况等。教练还要密切关注游客的运动状态，确保游客在冰雪运动中的安全。

（3）技能提升：对于已经具备一定冰雪运动基础的游客，冰雪运动教练可以提供进阶课程，帮助游客提升技能水平，如雪地技巧、高级滑雪技巧等。教练还可以根据游客的需求，提供定制化的个人训练计划。

（4）赛事培训：冰雪运动教练还可以为参加各类冰雪赛事的游客提供专业的培训和指导，如滑雪比赛、滑冰比赛等，帮助游客在比赛中取得好成绩。

（5）团队协作：冰雪运动教练需要与其他教练和度假村工作人员保持良好的沟通和协作，确保游客在学习冰雪运动的过程中获得全面的支持和服务。

（6）设备指导：冰雪运动教练需要为游客提供关于冰雪运动装备的专业建议，如如何选择合适的滑雪板、滑雪鞋、护具等。此外，教练还要教授游客正确使用和维护冰雪装备的方法，确保游客在冰雪运动中的安全和舒适。

（7）反馈与评估：冰雪运动教练需要对游客的学习进度进行持续的评估和反馈，以便调整教学计划和方法，确保游客能够顺利地掌握冰雪运动技能。此外，教练还应鼓励游客克服困难，建立自信，培养对冰雪运动的热爱。

（8）儿童教学：许多冰雪度假村提供针对儿童的冰雪运动教学服务，因此冰雪运动教练需要具备教授儿童的能力和耐心。他们需要采用适合儿童的教学方法，确保儿童在学习过程中的安全和愉快。

（9）文化交流：冰雪运动教练通常需要与来自不同国家和地区的游客打交道，因此他们需要具备一定的外语沟通能力和文化敏感性。通过与游客的互动，教练可以增进文化交流，让游客更好地了解和欣赏当地的风土人情。

冰雪运动教练在冰雪旅游中起着关键作用，他们通过专业的教学和指导，帮助游客掌握冰雪运动技能，确保游客在参与冰雪活动时的安全和愉悦。一个优秀的冰雪运动教练不仅需要具备丰富的冰雪运动技能和知识，拥有良好的沟通能力、耐心和敬业精神，还应保持良好的职业道德和敬业精神，为游客提供高质量的服务。

（三）交通和住宿服务

冰雪旅游中的交通和住宿服务对于游客的整体旅游体验至关重要。

1. 交通服务

（1）长途交通：游客可以选择飞机、火车或汽车等方式前往冰雪旅游目的地。部分旅游度假区会提供接驳服务，将游客从主要城市或交通枢纽直接送达度假区。

（2）当地交通：冰雪旅游度假区通常会提供便捷的当地交通服务，如班车、缆车或滑雪巴士，方便游客在景区内往返于各个景点和活动场所。

（3）私人交通：部分度假区会提供私人交通服务，如租车、滑雪摩托等，让游客可以自由安排行程，享受更为灵活的出行方式。

2. 住宿服务

（1）酒店：冰雪旅游度假区通常设有各种类型的酒店，包括豪华五星级酒店、舒适的四星级酒店和经济型酒店等，以满足不同消费层次和需求的游客。酒店通常会提供客房、餐饮、休闲娱乐等一系列服务。

（2）民宿：除了酒店，游客还可以选择当地的民宿或家庭旅馆，体验当地的生活风情和文化。民宿通常设有独立的客房、共用的厨房和休息区等设施。

（3）滑雪度假村：滑雪度假村通常提供一站式的冰雪旅游服务，包括住宿、餐饮、冰雪活动等。滑雪度假村的住宿设施多样，包括酒店、度假别墅、木屋等，可以满足游客不同的需求和预算。

（4）青年旅舍：针对预算有限的游客，部分冰雪旅游目的地还提供青年旅舍等经济型住宿选择。青年旅舍通常提供多人间、双人间和单人间等不同类型的住宿，设施较为简单，但价格相对实惠。

（四）餐饮和购物服务

冰雪旅游的餐饮和购物服务为游客提供了丰富的美食选择和购物体验，增添了旅游的乐趣。

1. 餐饮服务

（1）酒店餐厅：许多冰雪度假村和酒店设有餐厅，提供各种类型的美食，包括当地特色菜肴、国际美食、自助餐等。游客可以在这些餐厅享用早餐、午餐和晚餐，满足不同的口味需求。

（2）山脚餐厅：在滑雪场或其他冰雪活动场所附近，通常会设有山脚餐厅或小吃店，供游客在活动间隙享用简餐和休息。这些餐厅通常提供热饮、快餐、面点等方便食品。

（3）当地特色餐厅：游客在冰雪旅游过程中还可以品尝当地的特色美食。一些当地特色餐厅提供地道的家常菜、民族菜肴等，让游客深入了解当地的饮食文化。

（4）酒吧与咖啡厅：冰雪旅游目的地通常设有酒吧和咖啡厅，供游客在晚上放松身心、交流心得。这些场所通常提供各类鸡尾酒、啤酒、咖啡和茶点等饮品和小吃。

2.购物服务

（1）冰雪装备商店：冰雪旅游度假区通常设有专门的冰雪装备商店，出售滑雪板、滑雪鞋、滑雪杖、滑雪服等冰雪运动装备。此外，商店还提供冰雪装备的租赁服务，方便游客根据需要租用装备。

（2）纪念品商店：游客在冰雪旅游过程中可以购买当地特色的纪念品，如手工艺品、地方特产、冰雪主题玩具等。这些纪念品商店通常设在旅游景点、酒店和度假村等地。

（3）便利店与超市：冰雪度假区通常设有便利店和超市，供游客购买日常用品、食品和饮料等生活必需品。这些便利店和超市为游客提供了方便的购物体验，让游客在旅行过程中可以轻松购买到所需物品。

（4）时尚商店：部分冰雪度假区还设有时尚商店，出售服装、饰品、化妆品等时尚商品。游客可以在这些商店购买到最新潮流的时尚单品，丰富自己的旅行着装。

（5）当地特产商店：冰雪旅游目的地通常有丰富的当地特产，如雪花酥、冰糖葫芦等美食，以及手工艺品、民族工艺等特色商品。游客可以在当地特产商店购买到这些独具特色的商品，作为旅行的纪念或送给亲友。

冰雪旅游中的餐饮和购物服务为游客提供了丰富多样的选择，让游客在品尝美食、购买纪念品和满足生活需求的过程中，更好地了解和体验当地的风土人情。这些服务不仅丰富了游客的旅行体验，还为当地的经济发展带来了收益。

第二节　冰雪旅游市场营销

在当今竞争激烈的旅游市场中，冰雪旅游市场正逐渐崭露头角。为了在这个领域取得市场份额和更好的口碑，开展有效的营销策略变得尤为重要，包括品牌建设、定价策略、销售渠道、促销活动以及广告推广等。

一、品牌建设

冰雪旅游市场的品牌建设是提升目的地吸引力、扩大市场影响力和提高旅游业综合竞争力的重要手段。品牌建设涉及多个方面，包括品牌定位、品牌形象、品牌传播和品牌管理等。

（一）品牌定位

首先需要对旅游目的地进行市场调查，分析目的地的特点、优势以及目标消费者群体。在此基础上，制定出旅游品牌的核心价值观、特点和目标市场，确保品牌定位符合市场需求和发展趋势。

（二）品牌形象

品牌形象是品牌在消费者心中的印象和认知。因此，需要通过视觉识别系统（如 Logo、色彩搭配、字体等）、口号、故事和主题等元素，打造一个独特且符合品牌定位的品牌形象。

（三）品牌传播

品牌传播是将品牌信息传递给目标消费者的过程，包括线上线下的广告、公关活动、媒体合作、社交媒体营销等。有效的品牌传播能够提高品牌知名度、美誉度和忠诚度，吸引更多游客前来旅游。

（四）品牌合作与联盟

与其他旅游产业相关企业（如航空公司、酒店、旅行社等）建立合作伙伴关系，共同打造冰雪旅游品牌。通过资源整合、产品联合推广等方式，提高品牌的市场竞争力。

（五）品牌管理

品牌管理包括对品牌定位、品牌形象、品牌传播和品牌合作等各方面的持续监控和优化。实施有效的品牌管理，确保品牌始终保持一致性和竞争力，适应市场变化和消费者需求。

（六）提升品牌体验

品牌体验是游客在旅游过程中对品牌的感知和评价。因此，需要不断优化旅游产品和服务，提高游客满意度，从而提升品牌体验。此外，通过设立旅游景区、活动和设施等，展现冰雪文化和特色，进一步提升品牌体验。

二、冰雪产品和服务的定价策略

冰雪旅游产品和服务的定价策略是旅游企业制定价格的关键因素，它直接影响到企业的盈利和竞争力。在制定冰雪产品和服务的定价策略时，需要综合考虑市场需求、成本、竞争状况和企业战略等因素。

（一）成本导向定价

基于产品和服务的成本来确定价格。首先计算产品和服务的总成本（包括直接成本、间接成本、固定成本和变动成本），然后根据预期的利润率或利润额来设定价格。成本导向定价可以确保企业盈利，但可能无法充分考虑市场需求和竞争状况。

（二）市场导向定价

根据市场需求和消费者支付意愿来设定价格。可以通过市场调查、消费者调查等方式收集数据，分析消费者对冰雪产品和服务的需求和价格敏感度。市场导向定价能够更好地满足市场需求，但可能导致企业利润降低。

（三）竞争导向定价

根据竞争对手的价格来设定价格。对于具有强烈竞争力的冰雪旅游市场，企业需要密切关注竞争对手的价格策略，以便制定有竞争力的价格。竞争导向定价能够提高市场份额，但可能导致恶性价格竞争。

（四）基于价值的定价

根据产品和服务所提供的价值来设定价格。在冰雪旅游市场中，一些高端产品和服务（如私人滑雪教练、定制旅游套餐等）可能具有较高的价值。基于价值的定价能够提高消费者对产品和服务的认可度和满意度，从而提高企业的盈利能力。

（五）动态定价

根据市场需求和供应状况的变化来调整价格。例如，在旺季时提高价格，淡季时降低价格；或者根据预订时间、提前预订折扣等因素来调整价格。动态定价能够有效平衡市场需求和供应，提高企业的经营效率。

（六）组合定价

将不同的产品和服务组合在一起，提供优惠套餐价格。例如，滑雪度假村可以提供包含住宿、滑雪门票、租赁和教学服务等在内的优惠套餐。组合定价可以刺激消费者购买更多产品和服务，提高企业的营收。

（七）分级定价

根据产品和服务的不同等级和质量，提供不同的价格。例如，滑雪度假村可以提供高级、中级和初级滑雪道，针对不同水平的滑雪者设定不同价格。分级定价可以满足不同消费者群体的需求，扩大市场覆盖范围。

（八）促销定价

在特定时期或活动期间提供优惠价格，以促进产品和服务的销售。例如，滑雪度假村可以在节假日或淡季时提供折扣、优惠券等促销手段。促销定价可以吸引更多消费者，提高市场份额。

（九）忠诚度定价

针对忠诚度高的消费者提供优惠价格。例如，滑雪度假村可以为会员或常客提供折扣、积分兑换等优惠。忠诚度定价可以增加消费者对品牌的忠诚度，提高客户留存率。

（十）区域定价

根据不同地区的消费水平和市场需求，设定不同的价格。例如，滑雪度假村可以针对国内游客和国际游客设定不同的价格策略。区域定价可以更好地满足不同地区消费者的需求，提高市场竞争力。

在制定冰雪产品和服务的定价策略时，企业需要综合考虑多种因素，以确保既能满足市场需求，又能保障企业的盈利和竞争力。不同的定价策略可以针对不同的市场环境和目标客户群体进行调整和优化。

三、渠道分销

冰雪旅游市场的销售渠道主要包括线上和线下渠道。销售渠道的选择和优化对于提高产品和服务的销售效果至关重要。

（一）线下渠道

1. 旅行社

传统的旅行社是一个重要的冰雪旅游产品和服务销售渠道。旅行社通常会与滑雪度假村、冰雪主题乐园等合作，推广冰雪旅游套餐、团队旅游和定制旅游等服务。

2. 旅游展览和路演

参加旅游展览、路演等活动，展示冰雪旅游产品和服务，吸引潜在客户。这些活动通常会汇集各地旅游目的地、企业和消费者，为企业提供宣传和推广的机会。

3. 与航空公司、铁路公司等交通运营商合作

与航空公司、铁路公司等交通运营商合作，推广冰雪旅游产品和服务。例如，企业可以与航空公司合作推出联票服务，为消费者提供一站式的交通和旅游预订体验。此外，企业还可以与铁路公司合作，推广滑雪度假村或冰雪主题乐园等目的地，吸引更多潜在客户。

4. 与金融机构和信用卡公司合作

与金融机构和信用卡公司合作，提供消费者优惠和分期付款服务。这种合作可以降低消费者的支付门槛，提高冰雪旅游产品和服务的销售额。

5. 企业合作与会议旅游

与企业合作，组织员工冰雪旅游、团队建设活动和会议旅游等。这种合作可以扩大冰雪旅游市场的覆盖范围，增加企业的销售渠道。

6. 旅游目的地合作

与其他旅游目的地合作，推广冰雪旅游产品和服务。例如，滑雪度假村可以与周边景区、文化旅游目的地等合作，打造多元化的旅游体验，吸引更多游客。

（二）线上渠道

1. 在线旅游平台

随着互联网的普及，越来越多的消费者选择在线订购旅游产品和服务。一些大型在线旅游平台（如携程、去哪儿、飞猪等）为消费者提供了便捷的冰雪旅游产品和服务预订渠道。

2. 官方网站和 App

滑雪度假村、冰雪主题乐园等企业通常会建立自己的官方网站和移动应用程序，提供产品和服务信息、在线预订和支付等功能。这些直接销售渠道可以降低中间环节成本，提高企业的利润空间。

3. 社交媒体

通过微信、微博、抖音等社交媒体平台，企业可以与消费者建立更紧密的联系，推广冰雪旅游产品和服务。利用社交媒体的传播力量，可以扩大品牌影响力，提高销售业绩。

4. OTA 合作

与在线旅游代理（OTA）合作，可以扩大冰雪旅游产品和服务的市场覆盖范围。企业可以与 OTA 合作推出优惠套餐、限时折扣等促销活动，吸引更多消费者。

5. 酒店和住宿平台

与酒店、民宿等住宿平台合作，推广冰雪旅游产品和服务。例如，滑雪度假村可以与周边酒店合作，提供"住宿＋滑雪"套餐等组合服务。

冰雪旅游市场的销售渠道包括线上和线下渠道，企业需要根据自身特点、市场需求和目标客户群体，灵活选择和优化销售渠道。通过多元化的销售渠道，企业可以扩大市场覆盖范围，提高销售业绩。

四、冰雪旅游的宣传和推广

（一）广告推广

冰雪旅游市场的广告推广活动通常包括一系列精心策划和执行的宣传活动，

以提高品牌知名度、吸引游客和促进销售。

1. 电视广告

通过电视广告，展示冰雪旅游目的地的美景、设施和特色服务，以吸引广泛的观众关注。

2. 广播广告

在收听率较高的电台节目中投放冰雪旅游广告，让听众了解冰雪旅游产品和服务的优势。

3. 报纸和杂志广告

在报纸和杂志上发布冰雪旅游广告，以覆盖不同年龄和兴趣的潜在消费者。

4. 网络广告

在互联网上投放冰雪旅游广告，包括搜索引擎广告、社交媒体广告、视频网站广告等，以覆盖更广泛的受众群体。

5. 社交媒体推广

在微信、微博、抖音等社交媒体平台上发布冰雪旅游相关内容，进行定期更新和互动，提高品牌知名度。

6. 内容营销

撰写有关冰雪旅游的博客文章、攻略、游记等，发布在官方网站、自媒体平台和旅游论坛上，吸引潜在消费者关注。

7. 合作推广

与相关企业、景区、酒店等合作，进行联合推广活动，如联票、优惠套餐、特色活动等。

8. KOL/网红合作

与知名网红、博主、KOL合作，邀请他们体验冰雪旅游产品和服务，并在其平台上分享体验，吸引粉丝关注。

9. 体验活动

举办免费或低价的冰雪体验活动，如滑雪体验、冰雕展览等，让潜在消费者直接了解冰雪旅游的魅力。

10. 旅游博览会

参加旅游博览会，展示冰雪旅游产品和服务，与潜在客户建立联系。

11. 促销活动

开展各种促销活动，如折扣、优惠券、赠品等，以吸引消费者购买冰雪旅游产品和服务。

12. 传统户外广告

在高人流量的地区，如车站、机场、商圈等，投放传统户外广告，如大型广告牌、灯箱广告等，提高冰雪旅游品牌的曝光度。

13. 数字户外广告

在数字屏幕、电子显示屏等数字户外广告媒体上投放冰雪旅游广告，以吸引行人关注。

14. 邮件营销

通过邮件向潜在客户发送冰雪旅游产品和服务的信息、优惠券和特色活动等，提高购买意愿。

15. 短信营销

利用短信向目标客户推送冰雪旅游产品和服务的优惠信息，以提高回访率和购买率。

16. 定向广告

针对特定地区、年龄、兴趣等目标人群进行定向广告投放，提高广告效果。

17. 与本地媒体合作

与本地媒体合作，发布冰雪旅游相关新闻、报道和活动信息，提高品牌在当地市场的知名度。

18. 活动赞助

赞助本地或国际性的冰雪运动赛事、文化活动等，以提高品牌形象和知名度。

19. 落地页优化

优化冰雪旅游广告的落地页，提高用户体验和转化率。

20.数据分析和优化

通过数据分析了解广告投放效果，有针对性地调整和优化广告策略，提高广告效果和投资回报率。

通过广告推广活动，企业可以提高冰雪旅游市场的品牌知名度、吸引潜在消费者并促进销售。在执行过程中，应密切关注市场反馈，持续优化推广策略，以实现最佳的推广效果。

（二）活动策划

冰雪旅游市场的促销活动主要是为了吸引更多消费者、增加销售额和提高品牌知名度。

1.早鸟优惠

为提前预订冰雪旅游产品和服务的消费者提供折扣。早鸟优惠鼓励消费者提前购买，有利于企业提前锁定客户，确保收入稳定。

2.节假日促销

在节假日或特定时期（如圣诞节、春节、国庆节等）推出限时折扣、优惠券、礼品券等促销活动。节假日促销可以吸引更多游客，提高旅游产品和服务的销售额。

3.会员优惠

为会员或常客提供专享折扣、积分兑换、礼品等优惠。会员优惠可以增强消费者对品牌的忠诚度，提高客户留存率。

4.联票促销

与周边景区、交通运营商等合作推出联票服务，为消费者提供一站式的旅游体验。联票促销可以降低消费者的旅游成本，吸引更多潜在客户。

5.家庭套餐

推出面向家庭消费者的优惠套餐，如家庭滑雪、冰雪乐园入场券等。家庭套餐可以满足家庭消费者的需求，拓展客户群体。

6.团队优惠

为团队旅游、企业团队建设等提供折扣或优惠政策。团队优惠有助于吸引企业客户，扩大市场份额。

7. 学生优惠

为学生、教师等特定人群提供折扣或优惠政策。学生优惠可以吸引年轻消费者，提高品牌知名度。

8. 体验活动

组织免费或低价的冰雪体验活动，如滑雪、冰雕制作等。体验活动可以让消费者更深入地了解冰雪旅游产品和服务，提高购买意愿。

9. 社交媒体活动

在微信、微博、抖音等社交媒体平台上开展互动活动，如抽奖、转发、点赞等。社交媒体活动可以扩大品牌影响力，吸引潜在客户。

10. 与金融机构和信用卡公司合作

与金融机构和信用卡公司合作，推出信用卡优惠、分期付款等促销活动。这种合作可以降低消费者的支付门槛，提高冰雪旅游产品和服务的销售额。

11. 定制旅游套餐

根据消费者的需求和兴趣，推出定制旅游套餐，如浪漫情侣套餐、亲子体验套餐等。定制旅游套餐可以满足不同消费者群体的需求，提高客户满意度。

12. 跨界合作

与其他行业或品牌合作，开展联合促销活动，如与时尚品牌、美食品牌等合作推出特色冰雪旅游套餐。跨界合作可以拓展冰雪旅游市场的覆盖范围，提高品牌知名度。

13. 营销活动

组织各类营销活动，如摄影大赛、滑雪大赛、冰雕展览等，吸引游客参与。这些活动可以提高消费者对冰雪旅游产品和服务的关注度，增加销售机会。

冰雪旅游市场的促销活动需要根据目标客户群体、市场需求和企业特点进行策划和实施。通过有效的促销活动，企业可以吸引更多消费者，提高销售业绩和品牌知名度。

思考练习

1. 请简要概述冰雪旅游市场的规模。
2. 冰雪旅游市场营销的定价策略分为哪几类？
3. 请论述冰雪旅游的宣传与推广应如何更好地执行。

案例分析

冰天雪地也是金山银山，延吉冰雪旅游火爆出圈

随着天气日渐回暖，延吉 2022—2023 年度冰雪季也落下帷幕。这个冬季，延吉凭借独特的民俗文化魅力、优质的冰雪旅游资源和热情好客的民风民情火爆出圈，吸引了大量外地游客前来游玩，并以第四名的成绩上榜马蜂窝发布的热门小众目的地 TOP10 榜单，切实打响了延吉冬季旅游品牌，把"冷资源"变成"热经济"。

这个冰雪季，延吉民俗体验热度持续升温。中国朝鲜族民俗园通过举办第十届延吉国际冰雪旅游节开幕式、首届延吉花灯节等多项活动，将朝鲜族仿古建筑、冰雪文化和光影技术相融合，让民俗园成为最受青年游客喜爱的网红打卡新地标。2022—2023 年度冰雪季，中国朝鲜族民俗园接待游客达 43 万人次，营业收入 1919 万元。同时，民俗园的火爆人气也成功拉动关联产业快速发展，尤其是民族服饰租赁行业的发展。目前，园区外的服饰租赁店由原先的 3 家增至 24 家，并逐渐形成了朝鲜族民俗特色商业街区。

聚拢人气的同时，延吉冰雪品牌的名气也在不断提升。延吉市以打造中国冰雪汽摩运动名城为目标，经过五年的探索与发展，东北亚（中国·延边）冰雪汽摩运动嘉年华活动的影响力和品牌效应逐年增强，现已成为投入过千万元的综合型冰雪汽摩运动集群产业，并被列为吉林省"一市一品"体育精品赛事。据延吉市文广旅局产业发展与资源开发科科长金波介绍，今年的东北亚（中

国·延边）冰雪汽摩运动嘉年华活动共吸引了来自全国各地的 130 名专业赛车手报名参赛，参与体验的市民和游客达 18 万人次。同时，延吉市还充分发挥冰雪资源优势，开展了各种冰雪体育赛事，持续为延吉旅游"增温"。

此外，延吉市全民健身中心打造了占地 2.3 万平方米的冰雪娱乐项目，举办"健康吉林·乐动冰雪"系列赛事活动，并开放夜场，进一步丰富了延吉"夜经济"元素，满足了全年龄段、各圈层消费者的多元化需求。2022—2023 年冰雪季，延吉市全民健身中心接待游客 15.9 万人次，营业收入 88 万元。延吉梦都美滑雪场先后成功举办了 2022 吉林国际高山滑雪挑战赛、高山大回转挑战赛等多场专业、非专业的滑雪赛事。延吉梦都美民俗旅游度假村共接待游客 7.1 万人次，营业收入 660 万元。随着外地游客的增多，延边大学大学城双语弹幕墙、水上市场等也相继成为网红打卡地，延吉冰雪旅游热度不减。

据统计，2022 年 12 月至 2023 年 2 月，延吉市共计接待游客 223.7 万人次，实现旅游收入 31.4 亿元。冰雪旅游热让延吉得到了央视《新闻联播》、央视财经频道（CCTV-2）、中文国际频道（CCTV-4）等主流媒体的持续关注和报道。元宵节当天，央视新闻客户端、快手、抖音等各大平台在中国朝鲜族民俗园的直播总观看量达到了 1667.3 万次，让延吉再次火爆出圈。延吉市文广旅局产业发展与资源开发科科长金波说："下一步我们将继续推进延吉市全域旅游集散中心、中国朝鲜族民俗园、延吉不夜城等特色文旅项目建设，持续打造冰雪节等特色节庆品牌，进一步扩大延吉旅游影响力，长久留住延吉旅游的'烟火气'。"

（案例资料来源：延边广电全媒体新闻采编中心）

第九章

冰雪产业发展的趋势

冰雪产业近年来得到了快速发展，不仅受益于全球范围内对冰雪旅游的日益关注，还得益于科技进步、产业政策以及消费者需求的多样化等因素。为了更好地把握冰雪产业的发展趋势，我们需要对其进行深入剖析，将探讨数字化发展、产品多样化、盈利模式多元化等关键趋势，并分析它们将如何影响冰雪产业的未来。

第一节　冰雪产业的发展特征分析

随着全球气候变化和人们对冰雪运动的热衷，冰雪产业正逐渐成为一个备受关注的领域。在冰雪产业的发展过程中，不同的特征和现象逐渐浮现，为我们提供了深入了解这个产业的机会。

一、冰雪产业的数字化发展趋势

冰雪产业的数字化发展趋势已成为行业创新和发展的重要驱动力。随着科技的进步和数字技术的应用，冰雪产业正面临着前所未有的转型和升级。冰雪产业数字化发展的主要趋势有以下几点。

（一）智能硬件

越来越多的智能硬件开始应用于冰雪运动，如智能滑雪设备、智能服装、智能可穿戴设备等。这些硬件可以实时监测运动员的运动数据，帮助提高运动表现和安全性。例如，通过智能滑雪设备，滑雪者可以记录运动数据，并了解自己的表现，智能可穿戴设备还可以记录身体数据，并通过监测身体的实时变化来评估个人健康状况。

（二）物联网技术

物联网技术的应用能够实现设备间的互联互通，提高运营效率和用户体验。例如，通过物联网技术，滑雪度假村可以实时监测雪道状况、雪场设备运行情况等，提高服务质量。

（三）大数据分析

大数据分析技术可以帮助冰雪产业更精准地了解市场需求、消费者行为和运营效果，从而优化产品和服务。例如，通过对滑雪场的客流量、消费者满意度等数据进行分析，度假村可以调整运营策略，提高客户满意度。

（四）虚拟现实和增强现实技术

虚拟现实（VR）和增强现实（AR）技术的应用为冰雪产业带来全新的体验。例如，通过 VR 技术，用户可以在家中体验滑雪，而通过 AR 技术，滑雪者可以在现场获取实时信息，如雪道指引、速度显示等。

（五）人工智能

人工智能技术在冰雪产业中的应用，如智能导航、智能教练等，可以为用户提供更高效、个性化的服务。例如，在滑雪运动中，人工智能技术可以通过分析运动数据、监测身体情况和制订训练计划，帮助运动员提高训练效率。在教练员培训方面，人工智能技术可以通过智能模拟和专家问答的方式，提高教练员的教学质量。

（六）无人机技术

无人机在冰雪产业中的应用主要集中在拍摄和巡查方面，提高拍摄效果和运营安全。例如，在滑雪场地的日常巡查中，无人机可以对不同地形进行拍摄，为用户提供全面的现场信息，建立安全保障。在拍摄的同时，无人机还可以对画面进行编辑和拼接，从而制作出更具吸引力和视觉效果的作品。

（七）移动互联网

通过移动互联网技术，冰雪产业可以为用户提供实时信息、在线服务和个性化体验。例如，通过手机应用程序，用户可以查看滑雪度假村的实时天气、雪道状况、活动安排等信息，还可以在线购票、预订餐饮和住宿等服务。

（八）云计算和边缘计算

云计算和边缘计算技术的应用可以降低冰雪产业的 IT 成本，提高数据处理能力和运营效率。例如，通过云计算技术，滑雪度假村可以实现远程监控、数据备份和资源共享等功能，帮助用户了解滑雪场地的实时情况；边缘计算技术可以实现对现场数据的实时采集，提高滑雪场地的安全管理。

（九）智能客服和机器人

通过利用智能客服系统和机器人技术，冰雪产业可以提高客户服务水平，减少人工成本。例如，通过智能客服系统，用户可以快速获取滑雪度假村的相关信息；通过服务机器人，度假村可以提供更便捷的现场服务。

（十）区块链技术

区块链技术在冰雪产业中的应用，可以实现信息的透明化、安全性和可追溯性，提高信任度。例如，通过区块链技术，滑雪度假村可以实现票务、租赁等业务的可追溯性，防止欺诈行为。

（十一）游戏化

游戏化元素的引入可以提高冰雪运动的趣味性和吸引力，吸引更多人参与。例如，通过设置虚拟任务、排行榜等游戏化元素，可以激励滑雪者提高技能水平和参与度。

（十二）绿色能源技术

随着环保意识的提高，冰雪产业也在探索使用绿色能源技术，如太阳能、风能等，以降低碳排放，实现可持续发展。例如，在滑雪场的能源消耗方面，利用太阳能来发电、储存电能，减少碳排放。

企业需要紧跟技术发展，不断创新，提高服务质量和运营效率，以满足市场需求和实现产业的可持续发展。

二、冰雪产业的产品多样化趋势

随着冰雪产业的不断发展，产品和服务的多样化成为行业内越来越明显的趋势。

（一）冰雪运动项目多样化

除了传统的滑雪、滑冰等冰雪运动项目外，越来越多的新型冰雪运动项目逐渐兴起，如雪地摩托、冰爬、雪地越野等。这些项目为消费者提供了更丰富的冰雪运动选择，满足了不同消费者的需求。

（二）冰雪旅游产品多样化

冰雪旅游产品不再局限于滑雪度假村，而是涵盖了冰雪主题乐园、冰雪文化体验、冰雪节庆等多种形式。这些产品丰富了冰雪旅游的内涵，使其更具吸引力。例如，2019 年在哈尔滨举办的冰雪节就吸引了大批游客，这不仅反映了当地冰雪旅游产品的发展，也促进了当地旅游业的发展。此外，在东北地区和南方地区都有冰雪节庆，它们不仅具有经济效益，还为游客提供了文化体验。

（三）互动体验多样化

通过虚拟现实、增强现实、物联网等技术的应用，冰雪产业为消费者带来更加丰富的互动体验。例如，虚拟现实技术可以让消费者在家中体验滑雪的乐趣，而增强现实技术则可帮助滑雪者在现场获得实时信息。此外，通过智能硬件和移动应用的集成，游客可以更轻松地获取服务和信息。

（四）冰雪设备与配件多样化

为满足不同运动项目和消费者需求，冰雪设备与配件的种类也在不断丰富。从滑雪板、滑雪鞋到冰爬器、雪地摩托等，各种设备和配件为消费者提供了更多选择。此外，一些新的冰雪设备和配件也逐渐出现，如滑雪眼镜、滑雪手套、滑雪面罩、雪服、雪鞋、雪板等。这些设备和配件不仅提高了消费者的体验，还为行业创造了新的增长点。

（五）冰雪教育与培训多样化

为了满足消费者对冰雪运动技能的需求，越来越多的冰雪教育与培训项目应运而生。从初级滑雪教学、滑冰课程到高级滑雪技巧培训等，这些项目有助于提高消费者的冰雪运动水平，从而增加他们对冰雪运动的兴趣和参与度。例如，一些企业将滑雪培训作为培训项目，并通过举办培训活动来宣传冰雪运动文化，这不仅可以吸引更多的消费者，还可以提高企业的知名度和品牌价值。

（六）冰雪文化与艺术多样化

冰雪产业的发展也带动了冰雪文化与艺术的多样化表现。如冰雕、雪雕、冰灯等，这些形式丰富了冰雪产业的内涵，使其具有更高的文化价值。例如，一些企业还通过举办冰雪艺术展览及活动来展示和推广冰雪文化，使其成为一种文化表达形式，从而提高消费者对冰雪运动和冰雪文化的认识。

（七）冰雪产业服务多样化

随着冰雪产业的不断发展，相关服务也呈现多样化趋势。如冰雪装备销售与租赁、导游服务、运动教练、交通与住宿、餐饮与购物等，这些服务为消费者提供了全方位的便利。例如，滑雪度假村提供的滑雪教练可以帮助消费者更好地掌握冰雪运动技能，此外，一些滑雪场还推出了滑雪门票、滑雪套餐等相关服务，为消费者提供更多选择。

冰雪产业的产品多样化趋势旨在满足不同消费者的需求，提高行业的竞争力和吸引力。随着科技的发展和市场的不断变化，冰雪产业还将继续探索更多创新的产品和服务形式，为消费者带来更加丰富和多元的体验。

三、冰雪产业盈利模式的多元化趋势

随着冰雪产业的不断发展，其盈利模式也呈现出多元化趋势。在传统的冰雪产业中，盈利模式主要是通过场地的出租和服务收入来获取，但随着冰雪产业的不断发展，其盈利模式也在不断创新。

（一）门票收入

滑雪度假村、冰雪主题乐园等场馆的门票收入是冰雪产业的重要盈利来源。

为了吸引更多游客，场馆可以通过提供不同类型的门票（如单日票、套票、会员卡等）来满足不同消费者的需求。此外，企业还可以向消费者提供增值服务、如提供培训课程、冰雪比赛等服务来收取相应的门票费用。

（二）滑雪装备销售与租赁

滑雪装备销售与租赁业务可以为滑雪度假村、冰雪运动店等企业带来稳定的收入。通过提供多种品牌和型号的滑雪装备以及灵活的租赁服务，企业可以满足消费者的不同需求。例如，滑雪度假村和冰雪运动店可以为消费者提供雪鞋、雪板、雪杖等基本的滑雪装备，以及雪服、滑雪帽等高端产品，以满足不同消费者的需求。

（三）冰雪教育与培训

提供冰雪运动教育与培训课程是另一个重要的盈利模式。滑雪度假村和冰雪运动学校可以通过提供不同级别和类型的课程，满足消费者对提高冰雪运动技能的需求。例如，冰雪运动学校可以向消费者提供滑雪初级课程，以帮助其掌握基本的滑雪技能。

（四）旅游服务

旅行社和滑雪度假村可以通过提供包括交通、住宿、餐饮和购物在内的一站式旅游服务，获取更多的利润。此外，企业还可以通过与其他旅游景点合作，推出联票和套餐产品，吸引更多游客。

（五）活动与赛事举办

冰雪产业相关企业还可以通过举办各类冰雪活动和赛事来盈利。例如，滑雪度假村可以举办滑雪比赛、冰雪节庆等活动，吸引游客参加并消费。此外，企业还可以通过组织各类冰雪活动和赛事，吸引更多的企业和组织参加，增加收入来源。

（六）广告与赞助

冰雪产业相关企业可以通过吸引企业赞助、广告投放等方式来盈利。例如，滑雪度假村可以为企业提供场馆命名权、广告位等合作机会，企业可以通过赞助专业体育组织、运动员和教练员等来获得更多的赞助机会。此外，企业还可以通过广告投放、场馆冠名等方式，与其他企业合作，以获取收入。

（七）会议与展览服务

滑雪度假村和冰雪主题乐园可以充分利用其场地资源，提供会议与展览服务，为企业和组织提供多样化的活动场地选择。例如，滑雪度假村可以利用自身的场地资源，为企业提供会议室、展览场地等服务，增加其收入。此外，企业还可以通过举办冰雪展览、冰雪赛事等活动，吸引更多的观众前来观看和参与，扩大其市场影响力。

（八）数字化服务

随着数字化技术的发展，冰雪产业相关企业可以通过开发移动应用、在线销售门票和课程、虚拟现实体验等数字化服务来盈利。例如，企业可以开发自己的移动应用，提供在线预订、实时信息查询等服务，为游客带来更多便利，同时增加收入来源。

（九）IP 授权与衍生产品

冰雪产业相关企业可以通过创建自己的品牌形象和 IP，进行品牌授权与衍生产品的开发。例如，企业可以开发以冰雪运动为主题的文创产品、玩具、动画等，进一步拓展收入来源。

（十）跨界合作与产业融合

冰雪产业可以与其他产业实现跨界合作与融合，拓展盈利模式。例如，滑雪度假村可以与电影制作公司合作，进行影视拍摄；冰雪运动品牌可以与时尚品牌合作，推出联名产品等。

随着冰雪产业的不断发展和市场需求的变化，其盈利模式呈现出多元化趋势。各类冰雪产业相关企业需要根据市场变化，不断创新盈利模式，提高竞争力，实现可持续发展。

第二节　冰雪产业发展的未来模式与质量提升路径

随着社会经济发展与科学技术的进步，冰雪产业的发展也会发生多种模式的变化，冰雪运动在我国处于快速发展阶段，尤其通过北京冬季奥运会扩展国内的冰雪品牌及效应，以调整未来我国的冰雪产业结构升级，加大冰雪产业核心层面的投入与优化，在未来我国的冰雪产业可能在场馆综合体、智慧冰雪、VR仿真冰雪、冰雪装备链、产城融合及冰雪度假区等领域扩容。

一、冰雪产业发展的未来模式探析

（一）冰雪场馆综合体发展模式

冰雪场馆服务综合体主要是以冰雪服务为主，以休闲、娱乐、旅游、餐饮、住宿、购物为辅的空间冰雪业态综合体，多种样态集合的冰雪消费场所，例如北京首钢大跳台比赛场地，现已成为向民众开放并提供休闲运动的综合性场所。未来对于冰雪场馆综合体的发展还需扩大投融资，提升冰雪产业的综合服务水平，可采用公私合作制PPP模式进行产业结构的升级改造，创新冰雪场馆综合体的发展理念。

（二）智慧数字冰雪发展模式

随着数字科技的快速发展及人们生活方式的转变，民众对于线上运动场景及非接触式消费的需要逐渐增多，如此"人工冰雪产品""智慧冰雪服务""数字冰雪设施""智慧冰雪场馆"等形式得到凸显。例如，在冰雪场馆建设中，数字科技手段的介入能够实现对场馆内各类资源进行综合运用，智能雪场、智慧雪具、智能灯光等，一方面降低冰雪场馆运营成本，另一方面实现对冰雪运动人群的精准服务与管理。冰雪产业可通过与数字科技公司合作，利用AI、大数据等技术对冰雪运动人群进行精准分析，实现对冰雪运动人群的动态管理、产品供给与服务优化，并进一步开发线上社交功能，以满足消费者多样化的消费需求。

（三）VR及仿真冰雪发展模式

由于我国存在南北地域性差异，北方常年气温较低，降雪量较多，而南方部分地方常年气温在0摄氏度以上，因此VR及仿真技术在冰雪领域的运用将处在重要角色上，虚拟仿真技术的发展大大推动了室内冰雪仿真运动的形成。随着科技的不断发展，VR及仿真技术将会逐渐融入冰雪产业中，其对冰雪产业的发展具有重大意义，但是由于技术限制以及部分冰雪企业存在的认知问题，VR 及仿真技术在冰雪产业中的运用仍然处于初期阶段。在冰雪产业中运用 VR 及仿真技术，能够通过对虚拟场景的构建，为冰雪企业提供安全可靠的运动体验，同时能够帮助企业节省资金投入，从而实现经济效益的提升，VR 及仿真技术的发展对于冰雪产业具有重要意义。

（四）冰雪装备产业链整合发展模式

国家体育总局等四部门共同颁布的《冰雪运动发展规划（2016—2025 年）》中明确提出：扶持具有自主品牌的冰雪运动器材装备企业，鼓励企业开发拥有自主知识产权、可替代进口的产品，加快中国冰雪装备的国产化进程。因此国产化是冰雪装备产业链未来发展的主要趋势，规模化与整合化是冰雪装备发展的主要特色。在冰雪装备制造行业，以企业为主导的整合是未来发展的主要方向，这要求企业要在提升研发水平的基础上，整合产业链上下游企业资源，在相互协作的基础上实现资源共享、技术共享、信息共享和管理共享。冰雪装备制造行业是一个技术密集和资金密集的行业，未来产业发展需要建立多个研发中心，如以冰雪装备制造为基础，与滑雪设备研发相结合的滑雪装备创新研发中心、冰雪运动服务创新研发中心等。

（五）冰雪产城融合发展模式

通过北京冬季奥运会的成功举办，冰雪产业与冰雪城市的关系更加紧密，尤其在冰雪旅游的火热与人们对冰雪运动的热爱等因素加持下，冰雪"产城融合"将成为未来冰雪产业发展的典型，未来将会出现更多如哈尔滨、沈阳等一系列以冰雪特色为名片的城市，并在冰雪基础设施、冰雪场地设备、冰雪人才培育、冰雪资金构建等方面打造新型示范基地。在这一过程中，冰雪产业与城市的关系将从传统的"以产带城"发展模式，转变为"产城融合"发展模式，未来将会有更多城市依托冰雪资源，打造冰雪特色城市、冰雪产业城市等，从而实现城市转型升级和产业发展。

（六）冰雪小镇及度假区发展模式

未来随着冰雪产业的逐步发展扩进，冰雪运动、冰雪旅游、冰雪休闲、冰雪娱乐等系列业态将合力形成产业集群，此类冰雪融合生态圈的形成将促进冰雪特色小镇的发展成型。同时，类似冰雪小镇所形成的大型冰雪度假区也将借助地域的资源禀赋，打造规模宏大的冰雪服务与冰雪产品，以此形成冰雪旅游的人口虹吸效应。例如，在北京举办的 2022—2023 冰雪季哈尔滨冰雪文化旅游主题产品暨第 39 届中国·哈尔滨国际冰雪节发布会上，亚布力滑雪旅游度假区等四款冰雪文化主题的数字藏品闪亮登场，首次与公众见面。

（七）冰雪产学研及冰雪人才培养体系

冰雪产业未来的发展还需要积极探索"校企合作、产教融合"的人才培养模式改革思路，深化冰雪产业与高等教育的融合，服务主要区域经济发展和社会的进步，打造特色和知名的集"冰雪 +"应用型人才培养、科学研究与应用、赛事组织与承办、项目推广与普及、装备研发与设计、服务与管理为一体的多功能、开放的本科高校现代产业冰雪孵化基地。以"冰雪 +"为发展思路，以冰雪产业为核心，以教育为主导，以科技为支撑，培养一批具有国际视野、创新精神和实践能力的复合型人才队伍，成为我国冰雪产业的中坚力量，为冰雪产业的健康快速发展提供人才保障。

二、冰雪产业发展的质量提升路径

（一）提升冰雪产业集聚效应

相关业态协同发展是冰雪体育产业集聚发展的前提，餐饮、住宿、交通、购物等业态要不断汇聚，形成完整的冰雪体育产业体系，不仅需要根据不同区域内体育产业的资源禀赋条件，推动形成错位发展、协调有序的产业分工布局；还要积极借鉴发达国家或者优势省份的集聚发展方式，致力于整合相关产业要素，促进业态有机融合。推动集聚发展，通过业态有机融合，构建"滑雪 +"系列产品，开发冰雪体育休闲产品、冰雪赛事活动、冰雪娱乐项目等，使冰雪体育产业形成完整的产业链和服务链，实现价值链的升级。当相关产业集聚形成并且发展到一定程度，可以使产业向外围区域拓展或向外围区域转移，加强与外围区域资源共享、信息流动、业务衔接和合作的可能性将产业先进的创新理念、发展模式向外围区域进行扩散，增强其创新能力，推动区域经济进一步发展。打造创新型冰雪产品类型，提高冰雪运动服务水平，形成冰雪体育产业集聚，建设多产业融合的冰雪乐园、冰雪特色小镇等综合体；加强与周边区域的合作，鼓励相关企业、社会组织等组建冰雪产业联盟，推进区域合作和市场整合，推动产业整合和战略联盟；扩散冰雪体育产业聚集发展的聚集效应，优化外围区域的产业结构。打造以冰雪产业为龙头，以旅游产业为基础，以体育产业为特色，以文化产业为支撑的"一核、一带、多节点"的冰雪产业集群发展格局，有效整合区域内资源要素，促进冰雪体育产业的集聚发展，实现区域经济互利共赢的大好局面。

（二）拓宽智慧冰雪场馆建设

冰雪体育场地设施是冰雪运动开展的根本条件，是冰雪体育产业发展的物质基础。滑雪场作为服务方向性比较明确的娱乐场所，利用互联网、物联网、移动互联技术作为支撑，以基础数据分析作为导向，以特色体育运动作为主要卖点，联动智慧应用的配套设施作为消费者的体验增强，为消费者提供良好的娱乐体验场所。政府可以通过划区分片的形式建立室内雪场、冰场，完善场地设施的供给，兴建高水平、综合性的现代化智能场馆，提升场地设施规格；将社会资本对投资建设冰雪设施的力量充分调动起来，同时也鼓励境外资本对冰雪场地设施进行投资建设，通过简化冰雪运动场地用地审批手续、给予资金补贴与税收减免等手段予以支持。拓宽智慧冰雪场馆建设，需考虑旅游景区的主要需求，可大致分为场馆视频监控管理、停车场车辆管理、智慧消防管理、场馆视频直播及微视频、智能运维、智能化运营管理、云服务平台、Wi-Fi 无线覆盖、信息发布、VR 体验等需求类型。建立智能化的冰雪场馆管理系统，实现对场馆内各项服务设施的远程监控和管理，实现冰雪场馆的全面信息化管理，对整个冰雪场馆进行实时监控，发现问题及时解决，同时也能够提高冰雪场馆的运营效率和服务水平，通过建立全方位的数字化信息共享平台。整合冰雪体育产业相关资源，形成资源共享、优势互补的整体优势，利用互联网、物联网等信息技术手段，实现冰雪体育产业资源的合理配置，使冰雪体育产业发展向智能化、精准化方向迈进。

（三）落实冰雪产业政策执行

冰雪体育产业的发展与政策支持和长远规划有着千丝万缕的联系，政策支持可以保证冰雪产业的顺利发展，长期规划可以保证冰雪产业的稳定发展，在制定政策时应对政策进行科学合理的安排，提高政策的针对性和时效性；在实际执行过程中也应注意政策革新，确保其与冰雪体育产业发展相适应，关注政策革新，以适应冰雪体育产业的发展。目前我国的行政体系中缺乏具体的职能保障部门进行监督保障，在制定政策时应充分考虑冰雪体育产业的特性，建立完善的冰雪体育产业政策体系，政府需对市场进行监控，政策应朝着促进冰雪体育产业与文化、旅游等产业相结合的方向发展，不断丰富冰雪体育产业的发展内涵。在制定相关的扶持政策和优惠措施时，对于符合条件的冰雪体育企业应提供税收减免或财政补贴，冰雪市场表现低迷时，采取发放体育消费券的形式，激发市场活力，对经营困难的企业实行财政补贴政策，保护冰雪企业的利益，供需两端协调发展使冰雪体育产业稳步向前。为了保证冰雪体育产业健康良性发展，提高其抗风险能力，应加大对冰雪体育产业相关企业使用土地的扶持力度，给予补贴或免税等优待政策，文旅部门可以与税务、土地、财政等政府部门进行协同合作，在对冰雪企业优惠税收政策的基础上，建立专门针对冰雪体育产业的优惠税收政策体系，加强对冰雪体育企业的税收支持，同时积极参与地方政府融资平台建设，提高其融资能力，以满足冰雪体育企业发展的资金需求。

（四）深化冰雪领域人才培养

《"十四五"体育发展规划》提出"冰雪运动补短板工程""冰雪项目跃升工程"都对冰雪人才队伍建设和后备人才培养进行了部署，要利用好百年未有的良好机遇，根据市场需求不断完善冰雪专业人才培养路径，做到精心培养和精准就业相结合，不断提升冰雪人才的专业化水平。冰雪专业人才的培养是一个长期过程，冬奥会的举办会加速冰雪专业人才和竞技后备人才的培养进程，在冰雪专业人才的培养上，需耕植冰雪体育文化，建设人才培训体系。学校是人才供给的重要渠道，相关院校应认识到复合型人才对于冰雪体育产业发展的重要性，建立多学科交叉的培养体系，设置相关领域的研学课程，使学生充分掌握专业的知识和技能。深化冰雪领域人才培养，首先需注重冰雪体育文化的培养，冰雪体育文化的培育不是一朝一夕，而是持续性不断激发群众冰雪运动热情的过程，扩大冰雪运动参与范围，同时要增强人们对冰雪运动的文化认同感，利用多种手段培育冰雪运动氛围。在冰雪运动人才的培训上，政府应该把重点放在对冰雪运动后备人才的选拔与培训上，加大冰雪体育学校的办设力度，完善冰雪竞技运动人才梯队建设，推动训练基地、俱乐部等社会组织构建相应的冰雪运动后备人才选拔机制，最大限度地发掘和培养冰雪体育运动竞技人才；推进与冰雪运动发达地区冰雪人才的交流学习，加大冰雪竞技人才的引进力度，在冰雪产业发展过程中加强对各类人才的培养，充分发挥各种类型教育资源的作用，提高人才队伍素质。

（五）增强国产冰雪装备质量

冰雪装备制造业作为冰雪产业链上的重要环节，连接着冰雪运动的各方参与者，意义十分重大，我国的冰雪装备产业起步较晚，而有着几十年甚至近百年的生产经验的国外品牌，自然成为普通消费者甚至是各类冰雪娱乐场所购买装备的优先选项，中国并不是没有冰雪装备的生产能力，相反，中国的供应链支撑起了全球庞大的冰雪装备产业。例如，号称"中国手套名城"的山东嘉祥，以及具有完备滑雪镜产业带的广东、福建等地所生产出的各类产品，销往全球各地，成为全球冰雪装备市场背后的强大制造力量；不仅如此，全球中高端滑雪服、滑雪头盔和单板雪鞋的产地也基本上都位于中国。然而，我国的冰雪装备在性能和质量方面与国外知名品牌还有一定差距，有些国产冰雪装备的质量、安全性和技术含量等方面都难以与国外知名品牌的产品相媲美，在一些关键核心技术上还存在"卡脖子"现象，因此，国产冰雪装备在质量上的提升，就成了推动中国冰雪产业发展的重要一环。在冰雪装备产品质量方面，可以从以下几个方面入手：一是要从材料选择、工艺设计等方面严格把关；二是要加强对国产冰雪装备的质量检测和认证；三是要建立完善的售后服务体系；四是要通过市场化手段促进国产冰雪装备的创新和应用。发展冰雪装备，必须在坚持科技创新上着力，增强国产冰雪装备质量，加大原创性技术和核心技术的研发，还要持续加强材料学、运动人体科学等基础科学研究，牢牢把握自主知识产权的主动权，为培育自主品牌提供重要支撑。

（六）提高城市冰雪品牌影响

体育赛事是城市品牌提升和扩大影响力的重要内容和抓手，冰雪旅游品牌建设，要在提升品牌知名度、品质认知度、品牌联想度和品牌可持续发展动力上下功夫，培育核心特色产品、提升品牌辨析度。拓展全季性旅游项目、深耕品牌文化内涵，依托冰雪体育赛事发展冰雪体育产业是最"经济划算"的产业发展方式，不仅可以培育群众冰雪体育热情、普及冰雪体育知识，还能培养冰雪运动人才，促进地方发展。随着人们对冰雪运动的认知和参与热情的不断提高，冰雪体育赛事也将得到持续的发展，除了满足人们参与冰雪体育赛事的需求之外，还可以让参与者在享受冰雪体育赛事带来的愉悦和刺激的同时，提高人们的身体素质和精神素质。同时，在举办大型赛事的过程中，可以通过借助专业媒体平台、社交媒体等宣传渠道，向社会大众进行广泛的宣传，让更多的人了解冰雪体育赛事，吸引更多的人参与到冰雪体育赛事当中来，为冰雪体育赛事带来更多的参与者和潜在消费群体。引进和培育影响力较大的冰雪体育赛事是促进冰雪经济发展的重要手段，政府可以打造专业的赛事平台，组建专业的运营团队，通过相关扶持、协调和管理等手段间接介入到冰雪体育赛事的运作之中，以此来提升赛事品质和服务水平。推动产业融合与多元主体治理、提升品牌综合竞争力，借助京津冀一体化发展战略契机和京津冀的科技人才、装备制造等优势，通过多元化媒体宣传等实现区域发展与品牌传播共赢，借助北京冬奥会引力效应，大力提升城市冰雪品牌影响力。

（七）完善冰雪赛事活动组织

冰雪体育赛事活动是实现冰雪产业高质量发展的重要支撑。通过冰雪体育赛事活动的举办，能够提高公众对冰雪运动的认知度，推动大众冰雪运动参与热情，推动冰雪运动项目发展，构建覆盖全国的赛事活动组织体系，需要政府、市场和社会组织的共同努力。政府应通过制定相关的政策，大力扶持冰雪体育赛事活动的举办，提升冰雪体育赛事活动组织管理水平。市场在资源配置中发挥着决定性作用，政府应通过宏观调控引导，有效发挥市场在资源配置中的决定性作用。冰雪体育赛事活动的开展同时也需要社会组织的参与，社会组织通过引入竞争机制，提高自身运营管理能力，完善内部治理结构，提高运营效率和服务水平；建立健全服务体系，优化办赛条件，增强自主创新能力，提高办赛水平和质量。通过研究冰雪赛事活动的组织模式、标准、规范，建立科学高效的冰雪赛事活动组织体系，完善冰雪运动后备人才培养机制，提高冰雪项目竞技水平；加强冰雪赛事活动组织的人才建设，重点培养赛事活动的组织者、管理者和从业人员；加强冰雪体育赛事活动的宣传与推广，以线上线下相结合的方式开展冰雪体育赛事活动，提高冰雪体育赛事活动的影响力。加强冰雪项目比赛与训练，根据不同人群对冰雪运动的不同需求，开展各年龄段冰雪赛事活动组织、管理、评价的标准制定工作，同时制定各类赛事活动的准入标准与规范，提高冰雪运动的积极性与趣味性，推动我国冰雪运动向更高层次发展。

（八）协同冰雪领域业态合作

构建冰雪文化旅游全产业链，深入挖掘冰雪文化内涵，加强冰雪文化与旅游的深度融合，塑造冰雪文化旅游新业态，带动相关产业升级。北京冬奥会申办成功以来，各地都积极响应国家号召，结合自身资源禀赋和发展特色，充分利用冰雪赛事、冰雪节庆、冰雪文艺演出等活动，塑造一批具有鲜明地域特色和突出文化内涵的冰雪文化旅游品牌。突出冰雪文化内涵，打造一批集冰雪文化旅游体验、冰雪体育运动、冰雪体育赛事、冰雪文化展示于一体的冰雪体育小镇。突出各地冰雪优势和文化特色，不断丰富冰雪文化旅游业态，拓展冰雪文化旅游产业空间。将冰雪文化旅游融入观光、休闲、康养、赛事、节庆、文创、演艺、餐饮、住宿、会展、培训、商贸等，通过多业态跨界融合，构建综合冰雪文化旅游全产业链，塑造新优势，培育新动能。多维度洞察市场变化，建立安全畅通的市场信息反馈机制，不断满足信息时代用户的新需求；打造具有竞争力和灵活度的新品牌，并把握和适应互联网数字时代的发展趋势，充分利用网络平台、大数据等新的方式和手段，根据市场变化，及时调整宣传策略，整合传播资源，运用各种媒介，对冰雪运动品牌进行及时、广泛的传播，实现品牌价值的传递。冰雪产业的发展需要以冰雪旅游为依托，冰雪文化为基础，积极发挥文化创意引领作用，不断挖掘、提升冰雪产业的文化内涵和文化价值，不但可以推动冰雪产业跨界融合，提升产业发展层次和质量，还可实现优势互补、资源共享，在更广范围、更高层次上整合产业资源。

第三节　北京冬奥会的举办对冰雪产业的影响

北京冬奥会的举办对中国具有重大意义。它不仅有助于提升中国在国际舞台上的形象，还为冰雪产业、城市发展和区域协同发展等方面带来了积极影响。

一、北京冬奥会的举办具有重要的意义

北京冬奥会推动了体育文化的发展、人才培养和国际交流，为中国的冰雪运动和产业发展创造了良好的条件。北京冬奥会不仅促进了中国冰雪产业的发展，而且对中国国家形象、民族精神和体育文化的传播产生了重要影响。此外，冬奥会也推动了地区之间的合作和经济的发展，并对城市规划建设、基础设施建设、环境保护和节能减排等方面带来了积极影响。北京冬奥会的举办不仅是对中国冰雪产业的一次检验，也是对社会经济发展水平、城市规划建设、环境保护和节能减排等方面的一次检验。

（一）历史意义

北京成为世界上第一个既举办过夏季奥运会（2008年）又举办过冬季奥运会的城市。这一成就展示了中国在体育领域的影响力和实力，也为世界奥林匹克运动会的发展留下了独特的印记。北京冬奥会的成功举办有助于城市发展，加快北京冬奥会的基础设施建设，促进北京的经济发展，并加强中国与世界各国在文化、科技和体育方面的交流，冬奥会在推动中国冰雪产业发展、普及冰雪运动等方面都发挥着重要作用。

（二）国家形象

北京冬奥会的成功举办有助于树立中国的国际形象，展示了中国作为一个负责任大国的风采，展现出中国在体育、科技和教育领域的实力和潜力，并为世界提供中国方案。通过冬奥会，中国将进一步发挥自己的作用，并为人类做相互更多贡献。这对于增进世界各国人民的相互了解和友谊、构建人类命运共同体具有重要意义，同时有助于提升中国在国际社会中的地位和影响力，促进国际交流与合作。

（三）体育文化

北京冬奥会的举办有助于推广冰雪运动和奥林匹克精神，提高中国人民对冰雪运动的认知度和参与度。这将有助于提升全民体育素质，发展体育文化，增强民族凝聚力，将进一步扩大中国在国际体育舞台上的影响力，推动中国体育事业的发展。

（四）产业发展

北京冬奥会的举办为中国冰雪产业带来了巨大的发展机遇。从基础设施建设、政策支持到产业链完善等方面，冬奥会都为冰雪产业的发展提供了良好的条件和契机。例如，通过举办冬奥会，将推动冰雪产业的发展，形成完整的冰雪产业链，这将有助于推动冰雪运动的普及和提高，吸引更多的冰雪爱好者参与到冰雪运动中来，从而促进体育产业、文化产业和旅游产业等相关产业的发展。

（五）北京城市发展

北京冬奥会的举办对北京城市的发展产生了积极影响，也为北京的基础设施建设、环境保护和节能减排等方面提供了新的契机。包括完善基础设施、优化城市规划、提升城市服务能力等方面，都将为北京未来的可持续发展奠定基础，通过举办冬奥会，北京将进一步提升城市规划和建设水平，改善城市环境，增强城市服务能力，促进城市可持续发展。

（六）区域协同发展

北京冬奥会的举办有助于推动京津冀地区的协同发展。北京和天津与河北同处京津冀地区，是中国的三大经济圈之一。北京冬奥会的举办将进一步促进京津冀地区的协同发展，形成产业互补、功能互补、交通互通、资源共享、文化相融的一体化区域。通过共同承办冬奥会，京津冀地区的交通、旅游、环保等方面的合作得到加强，为区域协同发展创造了新的机遇。

（七）环境保护与可持续发展

北京冬奥会的筹备和举办过程中，环保和可持续发展理念得到了充分体现。北京冬奥会的成功举办将进一步推动中国经济社会的发展，在此过程中，也将为环境保护和节能减排提供新的契机，促进绿色低碳发展理念的形成。例如，推动绿色出行、减少碳排放、合理利用资源等方面的措施，都有助于提升城市和产业的可持续发展水平。

（八）人才培养

北京冬奥会的举办为中国培养了大量的冰雪运动员、教练员、裁判员和管理人员等专业人才。这些人才不仅提升了中国在冰雪运动领域的竞技水平，还为冰雪产业的长期发展提供了人才保障。通过举办冬奥会，可以提高冰雪运动的竞技水平，培养更多的冰雪运动专业人才，为冰雪运动的普及和发展打下基础。此外，北京冬奥会也为中国教育事业的发展提供了新的契机，可以进一步推进教育改革和创新，推动教育事业的发展。

（九）国际交流与合作

北京冬奥会的举办为中国与世界各国在冰雪运动领域展开更广泛的交流与合作创造了条件。冬奥会不仅是一个体育赛事，也是一个文化交流的平台。通过冬奥会，中国可以展示自己在冰雪运动方面的实力和成就，加强与世界各国的交流与合作，并向世界展示中国人民热爱冰雪运动、热爱祖国的精神风貌。通过这次盛会，中国可以学习借鉴国际先进的冰雪运动技术、管理经验和发展模式，进一步推动冰雪产业的发展。

（十）民族自豪感和国家荣誉

北京冬奥会的成功举办为中国赢得了国际赞誉，这不仅展示了国家的综合国力和国际影响力，还进一步提升了民族自豪感和国家荣誉感。此外，北京冬奥会的成功举办也体现了中国人民对奥林匹克精神的坚守和传承，展现了中国人民自强不息、追求卓越的精神风貌。举办冬奥会是一个国家的荣誉，有助于提升国民的民族自尊心和自豪感，增强国家凝聚力。

二、北京冬奥会的举办对冰雪产业产生了深远的影响

2022 年第 24 届冬季奥林匹克运动会在北京召开，对中国乃至全球的冰雪产业产生了深远的影响。冬奥会的举办将推动我国冰雪运动的普及，提高我国冰雪运动的水平，使更多人了解和参与冰雪运动，也将扩大我国冰雪产业的市场规模，增加冰雪产业的投资，促进产业结构优化，提升冰雪产业的国际竞争力，促进我国冰雪产业的发展。

（一）提高冰雪运动知名度与参与度

北京冬奥会的举办大大提高了冰雪运动在中国的知名度，吸引了越来越多的人参与冰雪运动。这不仅促使更多的人关注冰雪运动，在冰雪运动得到普及和推广的同时，也增强了我国冰雪运动的影响力。同时，北京冬奥会的举办也将进一步激发民众对冰雪运动的兴趣，还为冰雪产业提供了更广泛的市场。

（二）产业发展政策支持

为了成功举办冬奥会，中国政府推出了一系列政策，以支持和促进冰雪产业的发展。这包括提供资金支持、优化产业结构、改善场馆设施、扶持冰雪运动人才等。这些政策的实施，为中国冰雪产业发展提供了巨大的动力，同时，北京冬奥会的举办也为中国冰雪产业的发展提供了难得的机遇，从长远来看，这将有助于中国冰雪产业实现跨越式发展。

（三）基础设施建设

为了确保冬奥会的顺利举办，北京及周边地区进行了大量的基础设施建设，包括新建和改建冰雪场馆、交通设施、住宿餐饮设施等。这些基础设施的建设为冰雪产业的发展提供了坚实的基础。同时，随着基础设施的建设，冰雪产业的硬件设施也得到了很大的改善，有利于提高冰雪产业的质量。

（四）促进产业链完善

随着冬奥会的举办，冰雪产业链得到了进一步完善。从装备制造、场馆建设、教练培训、赛事组织到旅游服务等，冰雪产业的各个环节都得到了快速发展。在冬奥会的带动下，我国冰雪产业得到了快速发展，越来越多的冰雪企业参与到冰雪产业中来，这将促进我国冰雪产业的结构优化，进一步提高我国冰雪产业的整体竞争力。

（五）国际交流与合作

北京冬奥会为中国冰雪产业与国际同行展开交流与合作创造了良好的契机。不仅可以提高中国冰雪产业的竞争力，而且可以提升中国冰雪产业在全球的影响力。同时，这也可以加强世界各国对中国冰雪产业的了解，有助于推进中国冰雪产业国际化，北京冬奥会的举办为中国冰雪产业与世界各国进行合作提供了机会。通过与世界各国的冰雪产业合作，中国冰雪产业可以借鉴国际先进经验，提高整体竞争力。

（六）品牌塑造与市场推广

冬奥会的举办有助于中国冰雪产业树立国际品牌形象，扩大市场推广。通过冬奥会，中国冰雪产业可以向国际社会展示自己的实力和特色，塑造良好的国际形象。这有助于扩大中国冰雪产业的知名度，提升其在国际上的影响力。此外，冬奥会还有助于进一步拓展中国冰雪产业的市场，通过冬奥会这个国际盛事，中国冰雪产业可以进一步向全球展示自身实力和特色，吸引更多国际游客和投资者。

（七）人才培养

为了提高在冬奥会的竞争力，中国加大了对冰雪运动人才的培训力度。同时，中国还在冬奥会期间开展了多项培训活动，北京冬奥会的举办也为中国冰雪产业培养了大量专业人才，这不仅有利于提高运动员的竞技水平，还有助于培养更多的教练员、裁判员、场馆管理人员等冰雪产业相关人才。这将为冰雪产业的长期发展提供人才支持。

（八）文化传播与旅游业发展

北京冬奥会的举办使得冰雪运动成为一种文化现象，这有助于传播冰雪文化，并推动冰雪旅游业的发展。冰雪文化是冰雪产业的灵魂，传播冰雪文化对于推动冰雪产业的发展具有重要意义。北京冬奥会的举办不仅为中国带来了更多的冰雪运动爱好者，还为中国传播冰雪文化提供了机会。同时，通过北京冬奥会的举办，中国人民对冰雪运动的认知也得到了提升，越来越多的人会选择冰雪旅游作为度假方式，从而进一步推动相关产业的发展。

（九）科技创新与产业升级

为了提高冬奥会的竞技水平和观赏性，冰雪产业加大了对科技创新的投入。同时，随着科技的进步，冰雪产业也在不断进行技术创新。例如，运用高科技制造滑雪装备、提高人工造雪技术、运用虚拟现实等技术进行冰雪运动训练。这些创新将推动冰雪产业的升级和可持续发展。

（十）产业经济效益

北京冬奥会的举办为冰雪产业带来了巨大的经济效益。这不仅表现在北京冬奥会期间，还表现在冬奥会之后。例如，滑冰、滑雪和冰壶等冰雪项目的收入增长幅度明显，此外，随着冬奥赛事的举办，冰雪旅游收入也得到了快速增长，包括旅游收入、门票收入、装备销售等方面的增长，都将为冰雪产业的发展注入新的活力。

北京冬奥会的举办对中国冰雪产业产生了深远的影响，推动了产业的快速发展。这些影响不仅表现在政策支持、基础设施建设等方面，还体现在产业链完善、人才培养、国际交流等多个层面。随着冰雪产业的持续发展，预计这些影响将在未来持续深化。

思考练习

1.冰雪产业的多样化发展的类型有哪些？

2.请论述北京冬奥会的成功举办对冰雪产业的发展有何影响。

案例分析

后冬奥时代，奥运精神如何在校园传承

2022年4月，北京冬奥会、冬残奥会总结表彰大会在人民大会堂隆重举行。党中央、国务院表彰了一批在北京冬奥会、冬残奥会筹办和竞赛中做出突出贡献的集体和个人。在突出贡献个人名单中，北京市石景山区电厂路小学校长薛东榜上有名。

薛东，北京市石景山区电厂路小学校长，北京冬奥会火炬手，全国优秀教师，北京市第二批名校长。从2015年申办冬奥成功到2022年北京成功举办冬奥会及冬残奥会，近七年时间，薛东和全校师生共同努力，把北京市石景山区电厂路小学打造成为北京的一张奥林匹克教育特色名片，搭建了一所奥林匹克教育乐园。

北京冬奥组委的办公地在石景山区，电厂路小学就坐落在北京冬奥组委会附近。当北京申办2022年冬奥会成功后，薛东抓住这个难得的契机，落实《北京2022年冬奥会和冬残奥会中小学生奥林匹克教育计划》，践行"一个不能少，全员参与奥林匹克教育"的实施理念，从2015年开始将奥林匹克教育和冰雪运动纳入学校常规教育教学工作中，完善和丰富课程供给，系统规划冬奥教育。通过初步探索、系统化构建、实施模式梳理三个阶段，电厂路小学形成了冬奥教育"文化·情境"育人模式，进而促进学生"五育"并举全面发展、教师专业成长、学校教育品质提升，探索出一条适合学校的特色发展之路，实现了"小学校、大发展"。

电厂路小学里面有一个"小小冬奥组委会"，这个由学生组成的"组织"，不仅树立了学生的主人翁意识，更将奥运文化和精神深植于幼小的心灵。近七年来，在学校一次次冬奥教育课程、主题活动、实践任务中，在一个个冬奥教育真实榜样的激励下，孩子们开阔了视野，增长了见识，体验到冬奥文化的魅

力，学会了坚强、坚韧、坚持，懂得了遵守规则、尊重他人、责任与担当，努力在学习与生活中追求"卓越"，不断挑战自我，变得更加阳光、自信、大气，也更加快乐。

在一次次训练和参加比赛过程中，孩子们形成了坚韧的性格与健康的体魄。在后冬奥时代，奥林匹克教育如何继续？奥运精神又该如何在校园传承？薛东表示，要让体育带动"四育"，推进"五育"并举，用奥林匹克的魅力促进孩子全面发展。

在薛东看来，在一次次训练和参加比赛过程中，孩子们收获的不仅有技能、成绩，还有对冬奥精神的理解；在一次次拼搏中，孩子们克服困难、敢攀高峰、越挫越勇、团结奋进。在比赛过程中，面对强大的对手，孩子们毫不畏惧，敢于接受挑战，即使失败了，也可通过总结经验再接再厉，让自己"更快、更高、更强——更团结"。

"冬奥会不光是体育，它还是一个促进学生'五育'并举、健康成长的平台，有些孩子，虽然没有运动天赋，但是他可以发挥他的美术特长，通过自己的画笔描绘冬奥蓝图。与此同时，我们也进行了科技教育，包括二氧化碳制冷机制冰等，我们的目标是让孩子既要全面发展又能个性成长。"

经过不懈的努力，冬奥教育成了石景山区电厂路小学的鲜明特色。学校通过校园及室内外的冬奥元素布设，学生参与冬奥主题活动、冰雪项目课程、观赛和参赛活动等，形成了学校独特的冬奥教育文化和冬奥叙事。电厂路小学在全国、北京市有了一定的知名度和影响力，受到了国际奥委会、国际各冰雪组织、国家体育总局的高度认可。国际奥委会副主席小萨马兰奇观摩冬奥教育成果时评价道："奥林匹克精神应该在校园蓬勃发展。电厂路小学孩子们眼中闪烁着光芒，他们对冬奥会和冰雪运动的热爱，令我们兴奋和自豪。"

借冬奥之势，借力冬奥教育为电厂路小学发展注入了新的活力，实现了"冬奥让学校更美好"。据悉，电厂路小学2021年被国家体育总局授牌全国唯一"冰雪学校"，2020年被国家体育总局授牌第二批冰雪运动推广示范单位，2020年被教育部命名全国校园冰雪运动特色校，2019年被教育部命名全国奥林匹克教育示范校。

此外,"冰雪运动旱地化——北京市石景山区电厂路小学对冰雪进校园的有益探索"入编北京冬奥组委发布的《北京 2022 年冬奥会和冬残奥会遗产案例报告集(2022)》中文版和国际版。

冬奥教育点燃了电厂路小学学生们心中的多彩梦想,带给学生们生命的成长、超越的力量和铭记一生的回忆。学校"小小冬奥组委会"主席、少先队员鞠雅萱,2020 年作为北京市的集体代表参加了第八次全国少代会,2021 年被评为全国优秀少先队员;电厂路小学少先队大队五(2)冬奥中队被评为北京市优秀少先队集体,张金浩同学被评为"北京市新时代好少年"。

受到党中央、国务院的表彰后,薛东对于冬奥精神有了全新的认识。"冬奥会虽然结束了,但是冬奥的精神不会停止,它依然是引领学校、引领孩子们成长的一个很好的平台。"他说,"一是迎难而上,二是追求卓越。迎难而上这个精神对于孩子非常重要,孩子在遇到挫折困难的时候,需要他们能够坚强起来;追求卓越,意味着孩子要有奋斗的目标,而冬奥会运动员、志愿者、各行各业的人才都是孩子们学习的榜样。"薛东表示。

(案例资料来源:中国江苏网)

参考文献

［1］李艳红.张家口全力做大做强冰雪产业［N］.河北日报,2023-08-05(008).

［2］郭晓通,刘爱民.放大冬奥效应,助推高质量发展［N］.河北日报,2023-08-08（011）.

［3］朱才威.以"申冬"为契机辽宁将成为冰雪运动强省［N］.辽宁日报,2023-08-07（008）.

［4］金雅庆,郑旭萌.用户体验视角下吉林冰雪文创个性化定制 App 的设计与研究［J］.艺术品鉴,2023（21）:84-87.

［5］苗春竹,尹佳琪."十四五"时期黑龙江省全域冰雪旅游产业高质量发展的目标定位与路向选择［J］.哈尔滨体育学院学报,2023,41（04）:31-36.

［6］李海霞,李国龙,吕吉勇,等.我国冰雪体育赛事协同治理研究:基于利益相关者视角［J］.哈尔滨体育学院学报,2023,41（04）:43-50.

［7］廉永生,谢菲,王一萌.黑龙江省冰雪经济高质量发展的困境与实现路径［J］.哈尔滨体育学院学报,2023,41（04）:37-42.

［8］刘婧怡,孙葆丽.北京冬奥会遗产研究［J/OL］.沈阳体育学院学报:1-8［2023-08-12］.http://kns.cnki.net/kcms/detail/21.1081.g8.20230719.1021.004.html.

［9］孙哲.东北三省冰雪产业高质量协同发展的现实困境与实践通路［J/OL］.沈阳体育学院学报:1-8［2023-08-12］.http://kns.cnki.net/kcms/detail/21.1081.

G8.20230719.1511.026.html.

[10]张程.基于长白山地域文化特色的冰雪旅游"产品设计"课程优化策略研究[J].通化师范学院学报,2023,44(07).

[11]李爱民.冰雪运动,哈尔滨底蕴深厚[N].黑龙江日报,2023-07-08(002).

[12]于金刚,李海燕.哈尔滨国际冰雪节在海外媒体中的形象建构研究[J].黑龙江生态工程职业学院学报,2023,36(04):36-43.

[13]唐伊茹,臧留鸿.后冬奥时代冰雪运动大众化发展的路径研究[C]//国际班迪联合会(FIB),国际体能协会(ISCA),澳门体能协会(MSCA),中国班迪协会(CBF),中国无线电测向和定向运动协会(CRSOA).2023年首届国际体育科学大会论文集,2023.

[14]商勇,韩立冬,李相如.北京2022年冬奥会网络关注度时空特征及影响因素[J].河北体育学院学报,2023,37(04):46-53.

[15].加快冰雪产业发展打造大查干湖冰雪生态圈[J].新长征,2023(07):43-46.

[16]殷进福,吴晟,李晓璇,等.甘肃省大众滑雪产业发展现状与对策研究[J].甘肃科技,2023,39(06):61-64.

[17]徐颖.体教融合视角下吉林省高校冰雪运动高质量发展研究[D].长春:吉林大学,2023.

[18]张楠禹.基于"冰雪文化"视角的亚布力滑雪旅游度假区营销策略探析[D].大连:辽宁师范大学,2023.

[19]李玥潼.吉林市冰雪旅游发展中政府职能问题研究[D].长春:吉林大学,2023.

[20]刘慧聪,朱晓倩,杜芮萱.数字经济视角下黑龙江省冰雪体育产业发展研究[J].对外经贸,2023(06):28-31.

[21]李佳颖,王文华,梁静.后冬奥时代浙江省冰雪运动消费者消费意向影响因素研究[J].国际公关,2023(12).

[22]晋腾，姜琪，李光麒，等.全国青少年冰雪运动冬夏令营活动开展研究[J].体育文化导刊，2023（06）：104-110.

[23]刘璐，胡庆山，罗宇昕，等.北京冬奥会公共外交特征、成效与启示[J].体育文化导刊，2023（06）：25-31.

[24]刘花香.后冬奥时代我国冰雪运动产业高质量发展研究[J].体育文化导刊，2023（06）：82-88.

[25]郭文尧，刘维刚.构建吉林省冰雪全产业链发展策略[J].白城师范学院学报，2023，37（03）：41-45+110.

[26]闫静，徐诗枧，李淇薇，等.促进北京冬奥会奥运遗产可持续发展的理念与实践[J].科学发展，2023（06）：70-78.

[27]杨玲龙，徐涛.北欧冬季两项发展历程、经验及启示[J].中国体育教练员，2023，31（02）.

[28]刘军.基于知识图谱的我国冬奥会研究情况[J].科技资讯，2023，21（12）：236-242.

[29]张群琛.张家口市大力建设京张体育文化旅游带[N].北京城市副中心报，2023-06-16（001）.

[30]仲跻强.黑龙江省发展冰雪体育旅游产业的创新研究：基于冬奥会背景[J].北方经贸，2023（06）：4-5+37.

[31]罗梦姣，宁静，何卫东.北京冬奥成功举办对中国冰雪运动发展的启示[J].文体用品与科技，2023（12）：87-89.

[32]袁春霖，孙文璞，滕育松.后冬奥时代促进冰雪产业持续发展之"三原色"[J].当代体育科技，2023，13（17）.

[33]王爽.迎冬运盛会兴冰雪热潮[N].呼伦贝尔日报，2023-06-14（003）.

[34]贾婷婷.主流媒体中谷爱凌媒介形象的研究[D].兰州：兰州财经大学，2023.

[35]首洁.现代冰雪体育产业体系内涵与构建路径探索[J].冰雪体育创新研究，2023（11）：22-24.

［36］李玲玉，李凯，赵录萌.后冬奥时期我国冰雪运动进校园的机遇、挑战与实践路径［J］.冰雪体育创新研究，2023（11）：56-58.

［37］董俊.基于校企合作的体育院校冰雪人才培养模式研究［J］.冰雪体育创新研究，2023（11）：95-97.

［38］郑艳静，戴显岩.冰雪人才培养的困境与模式创新分析［J］.冰雪体育创新研究，2023（11）：7-9.

［39］薄金龙.新时代下冰雪运动推广研究［J］.冰雪体育创新研究，2023(11)：10-12.

［40］程淑娥，杨浩，武俸羽."后冬奥"时代"VR+体育"促进冰雪体育产业发展研究［J］.冰雪体育创新研究，2023（11）：16-18.

［41］王映华.我市多向发力打造后奥运经济发展新格局［N］.张家口日报，2023-06-06（001）.

［42］周丽.冰雪经济对黑龙江省区域经济的影响［J］.边疆经济与文化，2023（06）：24-27.

［43］裴世强.后冬奥时期辽宁省冰雪体育产业发展研究［J］.文体用品与科技，2023（11）：49-51.

［44］孔哲.北京冬奥会背景下"科技冬奥"冰雪科普活动实施研究［D］.北京：首都体育学院，2023.

［45］孔哲.北京冬奥会背景下"科技冬奥"冰雪科普活动实施研究［D］.北京：首都体育学院，2023.

［46］谭成国.北京2022年冬奥会举办背景下我国度假型滑雪场的赛事利用策略研究［D］.北京：首都体育学院，2023.

［47］.黑龙江省文化和旅游厅等九部门关于印发《黑龙江省支持冰雪经济发展奖补政策实施细则（试行）》的通知［J］.黑龙江省人民政府公报，2023（10）：34-42.

［48］孙振钰.钻石模型视角下黑龙江省滑雪产业竞争力提升研究［D］.牡丹江：牡丹江师范学院，2023.

［49］肖小月.冰雪旅游地旅游业态演化及产业发展水平评价［D］.北京：北京第二外国语学院，2023.

［50］王飞，张莹，孙大海，等.以冰雪运动高质量发展推进体育强国建设：现实基础、困境与战略路径［J］.沈阳体育学院学报，2023，42（03）：24-30.

［51］焦小刚.“互联网＋”视域下甘肃省冰雪体育产业高质量发展的路径研究［J］.当代体育科技，2023，13（15）：115-118.

［52］龚剑.基于Nvivo11质性分析的我国冰雪运动发展影响因素研究［J］.四川体育科学，2023，42（03）：11-17+82.

［53］陈璐瑶，姚小林，荆立新.我国冰雪产业与经济社会发展的灰色关联分析［J］.哈尔滨体育学院学报，2023，41（03）：32-38.

［54］长城新媒体调研采访小分队.探路后冬奥冷资源释放热效应［N］.河北经济日报，2023-05-23（003）.

［55］郭颖颖，仪威，李明.基于PPP模式的冰雪运动场馆建设与新时代体育事业高质量发展研究［C］//中国体育科学学会体育管理分会.2023年第十一届全国体育管理科学大会论文摘要集.2023：33-34.

［56］张国庆，王庆伟.北京冬奥会遗产视域下京津冀体育产业协同发展探索研究［C］//中国体育科学学会体育管理分会.2023年第十一届全国体育管理科学大会论文摘要集.2023：136-137.

［57］张宇飞，金泰，毛翌骁.冰雪产业高质量发展的资金困境与金融支持：基于耦合理论的视角［J］.商业经济，2023（06）：67-70.

［58］王珊珊.我国冰雪运动产业高质量发展的路径［J］.黑河学院学报，2023，14（05）：60-62+68.

［59］王宏俊，李博瀚，郭辉.辽宁省冰雪产业链发展现状和对策研究［J］.冰雪体育创新研究，2023（10）：16-18.

［60］姜山.“后冬奥时代”吉林省冰雪小镇建设与发展策略研究［J］.吉林广播电视大学学报，2023（03）：137-139+160.

［61］王俊江.元宇宙技术赋能大众冰雪运动参与模式的研究［J］.冰雪运动，

2023，45（03）：92-96.

[62]武琏.浅谈"互联网+"时代下冰雪体育产业发展[J].冰雪体育创新研究，2023（09）：28-30.

[63]胡艳乐，丁湘宁，张琢.中国群众冰雪运动发展策略研究[J].冰雪体育创新研究，2023（09）：4-6.

[64]邓道全.后冬奥视域下我国滇西冰雪旅游产业发展路径探究[J].旅游纵览，2023（09）：118-120.

[65]刘徐嘉.主流媒体大型体育赛事短视频传播分析：以抖音号"人民日报体育"北京冬奥会相关报道为例[J].西部广播电视，2023，44（09）：22-24.

[66]王永莉，徐浪，夏江伟，等.基于SWOT分析的京津冀冰雪运动区域协同发展研究[J].河北北方学院学报（社会科学版），2023，39（02）：41-46.

[67]范松杰，李肖肖，刘鸣."纯洁的冰雪，激情的约会"：冬奥会背景下冰雪运动消费结构与特征研究[J].商丘职业技术学院学报，2023，22（02）：41-50+64.

[68]郑继超，张佩云.习近平关于体育工作重要论述研究：内容聚焦、鲜明特征与宏观引领[J].南京体育学院学报，2023，22（04）：1-8+86.

[69]王稳，蒋东升，李晓华，等.我国冰雪体育旅游与村寨文化融合发展探析[J].体育文化导刊，2023（04）：102-110.

[70]张亚光，臧留鸿."双循环"新发展格局背景下新疆冰雪产业供给与创新研究[J].武术研究，2023，8（04）：143-145.

[71]张小静，任双，蒋志进，等.新时代背景下冰雪体育文化传播历程、价值及困境研究[J].冰雪体育创新研究，2023（08）：34-36.

[72]杨伊静.产学研医跨界融合共促冰雪运动产业发展：国家区域医疗中心建设与冰雪运动产业发展论坛侧记[J].中国科技产业，2023（04）：10-11.

[73]赵璐璐，马娅，王筱超，等.后冬奥会冰雪经济发展与人才支持需求政策研究[J].大陆桥视野，2023（04）：99-101.

[74]宋军.北京冬奥会背景下辽宁冰雪运动产业政策及影响分析[J].沈阳

工程学院学报（社会科学版），2023，19（02）：64-68+111.

[75] 董亚琦，江梦舒，何晴，等. 五大发展理念引领下冰雪运动发展路径研究 [J]. 四川体育科学，2023，42（02）：26-29+100.

[76] 王生林. 冰雪体育创新人才培养模式研究 [J]. 冰雪体育创新研究，2023（07）：120-122.

[77] 陆林鑫. 全民健身背景下冰雪运动的发展研究 [J]. 冰雪体育创新研究，2023（07）：10-12.

[78] 刘鹏. 持续放大冬奥效应助推河北冰雪产业高质量发展 [J]. 共产党员（河北），2023（07）：36-37.

[79] 桂海荣. 冰雪体育文化传播的意义与路径研究 [J]. 文体用品与科技，2023（07）：65-67.

[80] 李克良，李创，王紫娟. 新发展格局下黑龙江冰雪体育旅游产业发展阻力与策略 [J]. 学术交流，2023（04）：161-171.

[81] 张欣璐，朱梅新. 新疆冰雪体育资源综合开发与产业化发展研究 [J]. 当代体育科技，2023，13（10）：79-82.

[82] 王佳乐，曹伟宏. 冬奥会契机下冰雪旅游发展策略探讨 [J]. 经济师，2023（04）：144-145.

[83] 孙辉，刘冬磊，王子朴. 中国式现代化视域下冰雪产业高质量发展：基础、使命与路径 [J]. 沈阳体育学院学报，2023，42（02）：9-16.

[84] 董博杨，刘蓉. 后冬奥时代东北冰雪产业发展路径探析 [J]. 现代营销（下旬刊），2023（03）：103-105.

[85] 肇澎涛，杨娜. 京津冀地区冰雪体育产业发展的现实困境与破解思路 [J]. 新体育，2023（06）：8-10.

[86] 张瑞林，周文静. 中国滑雪产业高质量发展的问题审视、理论要素与驱动路径 [J]. 北京体育大学学报，2023，46（03）：1-9.

[87] 金朝霞. 北京冬奥精神的内涵、时代特征与传承路径 [J]. 北京体育大学学报，2023，46（03）：99-109.

[88] 郭敏刚, 张志刚, 李瑞钊, 等. 北京冬奥会背景下冰雪运动进社区: 掣肘因素、推进机制与实现路径 [J]. 哈尔滨体育学院学报, 2023, 41 (02): 25-32.

[89] 刘春萍, 杜东博, 葛力, 等. 我国冰雪产业标准化现状研究 [J]. 大众标准化, 2023 (06): 4-6.

[90] 于明洋, 潘书波. 后冬奥时代沈阳市冰雪产业集群化发展策略研究 [J]. 冰雪运动, 2023, 45 (02): 64-68.

[91] 郭程程. 新时代我国冰雪体育人才培养的统筹与完善 [J]. 冰雪运动, 2023, 45 (02): 42-45.

[92] 贾润梅. 滑雪装备: "冰雪经济" 热度攀升国潮渐起 [N]. 中国质量报, 2023-03-15 (T12).

[93] 刘维烨. 东北地区冰雪运动产业高质量发展研究 [J]. 体育风尚, 2023 (03): 137-139.

[94] 徐慕旗. 吉林财经大学党委书记孙杰光: 让冰雪产业成为高质量发展的强力引擎 [N]. 吉林日报, 2023-03-11 (009).

[95] 刘安妮. "后冬奥时代" 下的冰雪产业推广与商业模式研究 [J]. 冰雪体育创新研究, 2023 (05): 16-18.

[96] 石永超. 冰雪装备制造产业促进区域经济发展研究 [J]. 内江科技, 2023, 44 (02): 149-150+131.

[97] 张磊, 郭子暄, 涂芝仪. 我国冰雪运动发展历程、新时代特征及未来展望 [J]. 体育文化导刊, 2023 (02): 41-48.

[98] 宋昌隆, 郭晗, 王诚民, 等. 张家口冰雪体育旅游产业高质量发展的策略研究 [J]. 旅游纵览, 2023 (04): 191-193.

[99] 穆远. 中国冰雪产业发展影响因素及对策分析 [J]. 冰雪体育创新研究, 2023 (04): 7-9.

[100] 郝瑞铃. 冰雪产业朝着 "万亿级" 冲刺 [N]. 河南商报, 2023-02-16 (A07).

[101] 王恒, 宿伟玲. 冰雪运动与区域旅游融合发展的条件、测度及路径: 以

东北地区为例 [J].价格理论与实践,2023（02）:192-196+204.

[102]高辉,王向东.北京冬奥会背景下冰雪体育产业发展的困境与路径研究 [J].中国商论,2023（03）:149-151.

[103]徐启超.我国冰雪体育产业发展策略创新研究 [J].冰雪体育创新研究, 2023（03）:14-16.

[104]刘志博,潘书波.全产业链视域下辽宁省冰雪小镇的建设与发展可行性 研究 [J].当代体育科技,2023,13（04）:74-77.

[105]李晓宇.大力发展冰雪装备制造产业打造经济增长新引擎 [J].共产党 员（河北）,2023（03）:24-25.

[106]左文婷,邢鹏飞,乔彦伟.万全区:冰雪运动装备产业链实现全覆盖 [N]. 张家口日报,2023-01-31（003）.

[107]孙煜尚.北京冬奥会背景下我国冰雪产业生态化发展路径 [J].中国市 场,2023（02）:5-7.

[108]王伟杰.北京市延庆区:用好冬奥遗产带动冰雪产业 [N].中国文化报, 2023-01-14（002）.

[109]蔡佳文.冰雪运动升温激发冬季消费热潮 [N].中国商报,2022-12- 28（001）.

[110]宋大为,那铭洋.基于互联网思维下的冰雪旅游产业营销模式分析 [J]. 中国市场,2022（35）:58-60.

[111]刘彬,秦国阳,秦勇.基于VAR模型的我国冰雪产业规模与体育产业发 展的动态关系研究 [J].吉林体育学院学报,2022,38（06）:88-95.

[112]徐群贺,仝菲.后冬奥背景下吉林省冰雪旅游产业人才培养探究 [J]. 旅游与摄影,2022（24）:138-140.

[113]毕红星,李娇龙.基于Bicomb的国外冰雪产业热点及发展趋势研究 [J]. 山东体育科技,2022,44（06）:19-26.

[114]王金龙."冷资源"变成"热经济"多地争抢冰雪产业万亿元市场蛋糕 [N]. 中国经营报,2022-12-26（B09）.

[115]赵羽晴,魏婷.产业融合视角下内蒙古冰雪体育文创产品的开发策略研究[J].体育视野,2022(24):20-22.

[116]杜姝潼,李翔,郭振东.冬奥会背景下体育特色小镇发展契机与路径研究:以张家口崇礼冰雪小镇为例[J].体育科技文献通报,2022,30(11):165-167+252.

[117]张瑞林,李凌.我国冰雪产业发展的影响因素及对策分析[J].武汉体育学院学报,2022,56(11):13-21.

[118]骆秉全,冯国有,骆同.北京市冰雪体育产业发展的现状、困境与路径[J].首都体育学院学报,2022,34(06):641-648.

[119]孙哲.东北三省冰雪产业高质量协同发展的现实困境与实践通路[J].沈阳体育学院学报,2023,42(04):122-128.

[120]李杰.2022冬奥会背景下冰雪体育产业发展研究[J].现代商贸工业,2022,43(19):13-14.

[121]王超,杜唯,杜春华.数字技术赋能冰雪产业高质量发展的理论内涵、现实困境与实践路径[J].沈阳体育学院学报,2022,41(05):21-27+95.

[122]于启,李凌.我国冰雪产业高质量发展的现实逻辑、阻滞困境及路径选择[J].山东体育学院学报,2022,38(04):29-35+56.

[123]孙大海,阚军常,赵果巍.后冬奥时代冰雪产业高质量发展的内涵、创新与治理[J].沈阳体育学院学报,2022,41(04):8-13+21.

[124]杨丽花,王德显.后冬奥时代冰雪产业可持续发展的制度构建[J].北京体育大学学报,2022,45(05):135-145.

[125]闫静,徐诗枫.北京冬奥会背景下我国冰雪产业高质量发展的困境与实现路径[J].体育文化导刊,2021(05):78-83.

[126]王旭光.后冬奥时代,冰雪经济迎来发展黄金期[N].国际商报,2023-09-22(006).

[127]顾瑛鑫,郭明坤,郁耀凯.河北张家口:冰雪产业人才联盟助力京张文旅建设[J].中国人才,2023(09):83.